애니메이션 영화의 혼성적 특성

애니메이션 영화의 혼성적 특성

2021년 3월 10일 초판 인쇄
2021년 3월 15일 초판 발행

지은이 | 이현석
교정교열 | 정난진
펴낸이 | 이찬규
펴낸곳 | 북코리아
등록번호 | 제03-01240호
주소 | 13209 경기도 성남시 중원구 사기막골로 45번길 14
우림2차 A동 1007호
전화 | 02-704-7840
팩스 | 02-704-7848
이메일 | sunhaksa@korea.com
홈페이지 | www.북코리아.kr
ISBN | 978-89-6324-755-7 (93600)

값 18,000원

애니메이션 영화의 혼성적 특성

이현석 지음

북코리아

추천사

애니메이션에 대한 연구와 저서가 실제 활발하게 진행되지 않고 있는 현실에서 이현석 교수의《애니메이션 영화의 혼성적 특성》은 아주 반가운 책입니다. 매년 역동적인 연구와 논문으로 애니메이션학계에 신선한 연구문제를 제기해온 이현석 교수가 이번 저서를 통해 애니메이션에 대한 풍부한 인문학적 상상력을 펼치며, 다양한 학문적 시각을 보여줍니다. 또한 이 책자의 주요내용이 국내 K-MOOC 강좌로 개설한 애니메이션 강의로도 편성되어 온라인으로도 만날 수 있게 된 것은 부족하고 편향된 애니메이션 교육의 비상구로서의 역할을 톡톡히 할 것으로 기대합니다.

대개 현재까지 국내에서 출간된 애니메이션 연구저서와 교재들은 실제 제작방식과 연출노하우에 대한 직접적인 전문지식을 소개하고, 작품론과 작가론에 한정된 미학적 분석도서가 부분적으로 출간되는 정도였습니다. 특히 대중적인 애니메이션 관련도서는 일본 애니메이션과 할리우드 애니메이션의 트렌드 및 스타콘텐츠들의 소개와 분석을 전달하는 책자들이 대부분입니다.

《애니메이션 영화의 혼성적 특성》은 애니메이션이라는 영상예술이 영화미학을 넘어서 학문적인 차별성을 견지하며, 다학제적 관점에서 새롭게 분석될 수 있는 가능성에 대해 탐구합니다. 인문학의 다양한 시선은 애니메이션만을 바라보며 분석할 때 놓칠 수 있었던 심층적인 인식의 고민과 학문의 분석틀에 대해 창의적인 발상을 자극합니다. 기존 이론을 넘어서는 새로운 패러다임의 도전과 반복적인 연구방법론의 프레임을 재매개하는 노력은 고전이론의 기초적인 문제의식에서 다시 시작될 수 있습니다. 이 책자가 첫 장에서부터 제기하는 폴 왓슨, 제인 필링, 폴 워드, 모린 퍼니스 등의 학자들 견해는 기존 그들의 서적에서도 볼 수 있듯이 애니메이션의 다른 시각을 학문적 정체성의 확립으로 인도하는 다양한 골목길의 여정입니다.

이현석 교수의 이번 저서는 동서양의 전통문화에서 애니메이션 아이디어의 시그널을 소환하고, 뮤지컬의 특징이 애니메이션의 소통기재로서 대중들에게 다가가는 특이점을 분석합니다. 또한, 다양한 제작기법 중 로토스코핑이 갖는 실사영상과의 차별성을 상세히 설명하고, 기존 연구자들의 많은 관심을 받았던 초현실주의 애니메이션에 대해서도 객관화된 관점을 제시합니다. 전통예술의 창작기법이 애니메이션이라는 영상미학에서 어떠한 감성적 기교로 작동되는지와 애니메이티드 다큐멘터리가 갖는 슈퍼리얼리티의 정서적 실재감을 구체적인 작품사례로도 설명해냅니다. 마지막으로 대체역사와 애니메이션의 표현기교를 통해 판타지로서 작동될 수 있는 상상력의 콘텐츠화가 대중들에게 어떤 반응을 발현시킬 수 있는가에 대한 잠재적 연구문제를 추동시킵니다.

애니메이션을 연구하는 학자들의 문제의식은 대개 문화와 산업적 측면에서 연구문제를 찾습니다. 애니메이션에 적합한 스토리텔링과 캐릭터의 차별성, 애니메이션의 움직임이 보여주는 미학적 세심함과 변화 가능한 다양한 제작소재들의 표현기능, 스타콘텐츠로 떠오르는 중국 애니메이션과 성공작과 여전히 중심을 지키고 있는 할리우드 애니메이션의 스테디셀러 등이 연구문제의 중심을 차지합니다. 그리고는 더 다양한 연구문제의 희소성과 연구방법론의 부족함에 항상 목말라합니다. 이현석 교수의 이번 저서는 애니메이션을 연구하는 모든 학자들이 새롭게 충전될 수 있는 시선을 모아, 후속연구의 역동성을 불러일으키는 마중물 역할을 할 것입니다.

애니메이션학은 시간과 공간의 재매개와 슈퍼리얼리티의 숨겨진 미학을 체계적으로 제시하는 차세대 과제에 직면해 있습니다. 연구자들의 세대가 차별화되고, 새로운 사례들이 융합미디어 환경에서 시시각각 급속하게 전환되면서 기존 연구문제의 대체적 노력도 더 필요한 시기입니다. 이현석 교수의 신선한 저서 《애니메이션 영화의 혼성적 특성》이 그러한 연구의 서막을 엽니다. 모든 연구자들에게 일독을 권하며 이현석 교수의 열정적인 연구가 이 저서를 넘어 더 활발하게 진행되기를 기대합니다.

2020년 12월 30일

세종대학교 연구실에서

한창완

세종대학교 융합예술대학원장, 창의SOFT학부 만화Animaiton Tech 전공 교수

서문

애니메이션의 세계는 다양하며, 환상적이고, 무한하다.

20세기 초 영화역사와 함께 시작한 애니메이션은 모든 계층이 쉽게 즐길 수 있는 대중오락문화의 한 축으로 자리매김하고 있다. 월트 디즈니 등 메이저 스튜디오의 장편 애니메이션 영화가 세계 어린이들의 감성을 자극하고 기쁨을 주었다면, 많은 단편 애니메이션들은 독특한 실험적 시도로 애니메이션의 예술성을 더하고 있다. 애니메이션은 교육, 계몽, 기행, 오락, 기록, 홍보 등의 영역과 맞물리며 다양한 기능적 특성을 보이고 있으며, 또한 정치, 사회, 문화, 산업, 예술 등 여러 분야를 아우르며, 활용되고 있다.

오랜 기간 손으로 직접 그리는 만화 애니메이션의 시대가 지속되었지만, 1990년대 중반을 넘어서며 CG 기반의 작품이 제작된다. 이는, 애니메이션이 ICT 산업의 핵심인 디지털콘텐츠로 부상하며, 디지털 기반의 애니메이션으로 그 영역이 더욱 확장된 것이다. 애니메이션이 영화관을 벗어나, 그 산업적 가치가 더욱 확대되었음을 의미한다. 이러한 기술발전과 사회현상을 반영하는 애니메이션은 그 제작방식과 기법에 있어 초사실적 표현을 넘어서 새로운 미지의 세계를 창출하고 있다. 애니메이션은 실사영화가 표현하지 못하는 상상의 세계, 환상의 세계를 더욱 극적으로 재현하며, 관객에게 새로 운 체험을 선사하고 있다.

본 저자는 2000년 영국 Bournemouth University의 컴퓨터 애니메이션학과에 진학하면서 지금까지 매일 애니메이션과 더불어 인생을 보내고 있다. 애니메이션을 보고, 즐기는 관객의 입장에서 애니메이션을 제작하는 학과에 수학하며 그 본질에 대해 더욱 깊이 있게 접하게 된 것이다. 이후 영국 Loughborough University의 예술대학에서 애니메이션을 전공으로 박사과정을 수학하며, 보다 깊이 있는 인문예술적 접근의 연구를 진행하였다. 이를 통해, 애니메이션이 인간의 삶에 얼마나 연관되고 영향을 미치는지 그리고, 그 사회문화적 의미가 무엇인지 성찰할 수 있는 소중한 시간이었다. 귀국 후 동서대학교 영상 애니메이션학과에 재직하면서 애니메이션 이론과 제작 관련 과목을 강의하고 있다. 또한, 학부교육과 더불어 대학원생을 지도하며, 학술논문을 게재하고 저서를 집필하며 학술적 깊이를 더하고자 노력하고 있다.

본 저서에서 논하는 애니메이션은 '단순한 대중오락의 기능을 넘어서 특정 시기 사회문화 현상과 시대적 담론을 반영하고, 이를 애니메이션의 사실적 · 허구적 묘사를 통해 재생산하는 문화적 도구이자 매개'로 전제하고 접근한다. 애니메이션은 사회문화 현상을 반영하며 인류의 문명, 사회 집단, 개인의 삶을 영상의 스크린에 표현한다. 이러한 애니메이션은 인간이 상상하는 또 다른 세상을 환상적으로 표현하며, 관객에게 기쁨과 감동, 그리고 대중 오락적 · 문화예술적 감성을 자극하고 있다.

애니메이션의 다양한 기능 중 저자가 주목한 점은 애니메이션의 혼성적 기능이다. 타 문화와의 혼성, 장르 간 혼성, 전통 예술과 혼성, 매체간 혼성이다. 이는, 애니메이션의 기능이 다양한 요소와 혼성되며, 새로운 장르를 창출하고, 독특한 영상미학을 선보이고 있기 때문이다. 이에 따라, 본 저서는 첫 장에서 애니메이션에 대한 기능적, 학문적 특성에 대해 논의하고 있다. 두 번째 장에서는 애니메이션 캐릭터에 재현된 동·서양의 문화적 혼성에 대해 〈쿵푸판다〉를 중심으로 살펴보았다. 세 번째 장에서는 뮤지컬과 애니메이션이 어떻게 혼성화되고, 대중적 장르로 거듭났는지 다양한 사례를 통해 고찰하였다. 네 번째 장에서는 애니메이션 로토스코프를 통한 실제와 허구의 혼성에 대해 역사적 사료와 작품 분석을 통해 시도하였다. 다섯 번째 장에서는 전위미술의 대표적 사조인 초현실주의와 애니메이션의 혼성에 대해 관련 작품을 분석하며 그 예술적 의의에 대해 논하였다. 여섯 번째 장에서는 전통회화 예술과 애니메이션의 혼성에 대해 수묵화와 유화를 중심으로 아날로그적 감성이 어떻게 디지털 영상으로 재탄생되는지 살펴보았다. 일곱 번째 장에서는 애니메이션과 다큐멘터리의 혼성이 어떻게 특정 사건에 대한 인간 내면의 억압된 심리와 정신세계를 표현하고 사회적 메시지를 전달하는지 장르의 특성을 중심으로 접근하였다. 마지막 장에서는 대체역사가 구현된 애니메이션 영상과 게임에 대해 문학적 기원과 역사적 고찰을 통해 그 특성을 논의하였다. 이 책에서 다룬 주요 내용은 본 저자가 2018년도 한국 교육부에서 선정된 온라인강좌 K-MOOC(Korea Massive Open Online Courses)에서 다룬 내용이다. K-MOOC 사업에서 애니메이션에 대한 대중문화적, 인문예술적 접근의 강좌가 선정되었다는 데 대해 나름의 의미를 갖는다.

이러한 발로에서 본 저서의 출판을 물심양면으로 도와준 북코리아에 깊은 감사를 드린다. 이는, 본 저자에게 있어서 그동안 분산되고 파편화된 지식을 정리하여 출판하는 데 큰 의미가 있기 때문이다. 본 저서를 시작으로 많은 사람들이 애니메이션의 대중 오락적 기능에 대해 다른 시각으로 바라볼 수 있는 계기가 되기를 진심으로 기원한다.

2021년 1월

저자 이현석

CONTENTS

CONTENTS

01
애니메이션에 대한 소고(小考)

- 애니메이션의 정의
- 애니메이션학에 대한 담론

애니메이션의 정의

애니메이션(animation)의 어원은 라틴어 '애니마(anima)'에서 기원하였으며, 그 의미는 생명을 불어넣는 것을 뜻한다. 애니메이션은 실제 배우가 카메라 앞에서 연기하고 촬영되는 실사영화(live action)와 달리, 장면 안의 모든 것이 제작자의 콘셉트와 다양한 기술로 창조된다. 폴 웰스(Paul Wells)는 "애니메이션이 한 프레임, 한 장의 예술이 아닌 프레임과 프레임으로 연결된 동영상 예술이다"[1]라고 했듯이, 애니메이션의 생성원리는 프레임 바이 프레임(frame by frame)의 영상 메커니즘으로 작동한다. 연속적 이미지의 재생은 잔상효과(殘像效果)로 인해 하나의 움직이는 영상으로 인식하게 된다. 노먼 맥라렌(Norman McLaren)은 애니메이션 이미지에 대해 "애니메이션이란 움직이는 그림의 예술이 아니라 그려진 움직임의 예술이다. (중략) 애니메이션은 프레임 사이의 속임수로 눈에 보이지 않는 틈새를 교묘하게 조작하는 예술이다"라고 언급했다.[2] 이처럼 애니메이션은 가상의 캐릭터가 움직이는 것처럼 보이게 하는 영상 원리에 의해 그

1 P. Wells, Understanding animation, London: Routledge, 1998.

2 한창완, 《애니마톨로지@애니메이션 이론의 이해와 적용》, 한울아카데미, 2001.

생명력을 부여받게 된다. 이러한 캐릭터의 움직임은 제작자의 관념과 경험에 바탕을 두어 현실 세계의 자연법칙을 모방하여 제작된다.

국제애니메이션필름협회(The International Animated Film Society, ASIFA)는 "애니메이션은 (중략) 인위적으로 창조하기 위한 모든 방식의 테크닉에 관련된 것으로, 실사 영상 방식과 다른 다양한 기술 조작에 의해 움직이는 이미지를 창조한다"[3]라고 정의했다. 이는 영화가 현실 세계를 있는 그대로 영상으로 담아낸다면, 애니메이션은 현실 세계를 사실적으로 모방하거나 실제 세상에 존재하지 않은 상상의 것을 형상화하는 창조적 이미지라 할 수 있다. 움베르토 에코(Umberto Eco)는 "실제처럼 내포하기를 원하는 무엇에 대해 말하기 위해서는 이러한 것들이 반드시 실제처럼 보여야 한다"[4]라고 했듯이, 애니메이션 이미지는 실제 물리 세상과 달리 인위적 창작에 의해 표현된다. 또한, 영국의 존 할라스(Johan Halas)는 실제 세상의 사실 정보를 전달하는 것이 실사영화의 기능이라면, 애니메이션은 사물들이 보이는 자체가 아니라 그것이 어떠한 의미를 지니는가와 같은 형이상학적 리얼리티로 확장된다고 주장했다.[5] 이는 애니메이션이 인간의 심리상태나 특정 상황에 내재된 의미를 추상적, 초현실적, 혹은 비구상으로 표현할 수 있기 때문이다. 애니메이션 감독은 현실 세계를 벗어난 인간이 느끼는 무형의 세계를 시각으로 영상화할 수 있으며, 이러한 이미지는 정적으로 머무르는 것이 아닌 동적으로 움직이는 영상으로 표현된다.

---

3 김준양,《애니메이션, 이미지의 연금술》, 한나래 2000.

4 U. Eco, Travels in hyperreality, Harcourt Brace & Company, 1986.

5 J. Halas, European Cartoon: A Survey of the Animated Film, In Roger Manvell (ed), The Penguin Film Review, Penguin Books. London, 1948.

자그레브 애니메이션 스쿨(Zagreb Animation School)의 애니메이터들은 애니메이션의 주요 기능은 "복제가 아닌 리얼리티의 변형을 통해 디자인에 생명과 영혼을 불어넣는 작업"이라고 정의했다.[6] 웰스 또한 "애니메이션 영상을 통해 창조해낸 것은 리얼리티의 변형을 통한 환상적 차원의 초사실성"이라고 언급하였다.[7] 이는 눈으로 보이는 물리 세계의 내면에 담긴 진실을 표출하는 것으로, '가상의 이미지'이자 '사실적 이미지'인 것이다. 이와 유사한 맥락으로, 앤드루 달리(Andrew Darley)는 "애니메이션에서 리얼리즘은 물리적 사실의 전제라기보다는 허구적인 전제로 받아들여야 하며, (중략) 사실주의적이지만 동시에 사실주의의 전통에서 벗어나는 2차 리얼리즘으로 정의될 수 있다"[8]라고 주장했다. 이는 눈에 보이는 현실 세계와 우리가 심리적으로 느끼는 세계가 혼합되어 초사실적으로 구현되는 상태를 시각화하는 것을 의미한다. "실사 이미지와 인공 이미지 사이의 상호작용은 영화에서 현실이 되었다. (중략) 그뿐만 아니라 작가주의 애니메이션은 문체와 기술, 그리고 시학적인 측면에서 끊임없이 새로운 출구를 모색하고 있다."[9] 애니메이션은 인간이 느끼는 유무형의 세계를 시각화하며, 더 넓은 영역으로 확대되고 있는 것이다.

---

6 J. Halas, Ibid.

7 한창완, 앞의 책.

8 A. Darley, Second-oder realism and post-modernist aesthetics in computer animation, John Libbey & Company Pty. Ltd, 2000.

9 G. Bendazzi, Cinémaction, Corlet/Télérama.

애니메이션학에 대한 담론

폴 왓슨(Paul Watson)은 애니메이션이 독립된 역사, 자유로운 표현기능, 간 학제적 특성(interdisciplinariness) 그리고 인식론적 측면을 주장하며, 영화학, 미디어학의 하위 학문이 아닌 고유한 학문 분야로 정의했다.[10] 애니메이션이 학문으로 가능한가? 제인 필링(Jayne Pilling)은 애니메이션 분야가 여전히 독립적인 학문으로 정의하기 어렵다고 했으며,[11] 본질적 질문에 대한 답은 여전히 토의 중이고, 이에 대한 여러 학자의 접근과 논의가 지속되고 있다고 했다. 무엇보다 애니메이션학(animation studies)이 성립하기 위해서는 애니메이션에 대한 개념과 존재론적 탐색에 대한 본질적 논의가 필요하다.

폴 워드(Paul Ward)는 애니메이션학에 대해 이해하기 위해서는 최근 학문의 통섭적(inter-, trans-, multi-, cross-) 성향과 지식 분야 간의 혼종적 특성에 대한 이해가 선행되어야 한다고 했다. 이에 대한 접근은 문답법적

10 P. Watson, "True Lye's: Reanimating Film Studies" in Paul Wells (ed.) Art & Animation [Special edition of Art & Design magazine, no. 53], London: Academy Group Ltd, 1997.

11 J. Pilling, A Reader in Animation Studies Sydney and London: John Libbey, 1997.

이고 변증법적으로 지식 간의 연관성에 대해 논의되어야 한다고 했다.[12] 애니메이션은 전통적으로 영화학(film studies), 미디어학(media studies), 문화학(cultural studies) 등과 깊은 연관성을 지니고 있다. 이러한 학문분야에 대한 연계관계를 제외하고는 애니메이션에 대한 거시적 차원의 설명이 불가능하기 때문이다. 마크 랭거(Mark Langer)는 애니메이션 연구가 1970년대 초반의 영화학(Film studies)을 벗어나지 못하는 학문적 수준이라고 회의적으로 언급한 바 있다.[13]

알렉산드라 니콜라스 잘텐(Alexander Nikolas Zahlten)은 애니메이션이 학문(discipline)이 아닌 연구주제(subject)라고 했다.[14] 애니메이션학이 주요 방법론과 인식론적 접근을 다른 영역에서 차용했듯이[15] 애니메이션은 하나의 뚜렷한 학문적 정체성이 모호하다. 이로 인해 일반적인 학문 분류에서도 애니메이션은 영화학이나 미디어학의 하위영역으로 종속되기도 한다. 초기 애니메이션학이 영화학의 주요 방법론을 차용하며 발전함에 따라 애니메이션 연구에 대한 편협한 접근을 초래했다. 이로 인해 간학제적 주제 구성에 있어 타 학문과 등위적 위치가 아닌 전체 주제의 일부로 치부되기도 한다. 예를 들어, 극장용 애니메이션이나 TV 애니메이션을 연구대상으로 한다면 사회 현상을 설명하기 위한 하나의 매개이거나 인용의 대상으로 전제되기 때문이다.

모린 퍼니스(Maureen Furniss)는 애니메이션과 실사 촬영영화는 영상

---

12 P. Ward, 'Animation Studies, Disciplinarity and Discursivity' Reconstruction3(2), 2003. Available online at [http://www.reconstruction.ws/032/ward.htm].

13 Mark Langer, email to Animation Journal e-group discussion, 2000. Available online at [http://groups.yahoo.com/group/animationjournal/message/286].

14 A. N. Zahlten, Animation and Boundlessness. Japanese Journal of Animation Studies 14, 2013.

15 P. Ward, op. cit.

문화(moving image culture)라는 공통접점에서 본질적 차이를 두면 안 된다고 했다.[16] 반면, 폴 왓슨은 "존재론적 접근에서 실사영화 이미지와 애니메이션 이미지는 실제와 허구라는 점에서 그 차이점이 명확하다"라고 했으며, 키스 브래드버리(Keith Bradbury, 2000)는 "애니메이션은 영화에 종속된 주변 학문이 아니며, 애니메이션의 고유한 역사에 대한 문화적 관점의 연구가 필요하다"라고 했다.[17] 애니메이션과 실사영화는 공통된 초기 역사를 지니지만 각각의 분야에서 각기 다른 고유의 영상 미학이 존재하며, 이는 독립적인 학문영역으로 전개되었다.[18] 이와 유사한 맥락으로 폴 워드(Paul Ward)는 애니메이션의 연구주제에 대한 다양한 시각의 방법론적 접근과 학술적 패러다임을 공유함에 따라 애니메이션에 대해 인식론적 측면에서 접근해야 한다고 했다.[19] 이는 애니메이션의 존재론적 측면과 역사적 접근에서 영화학과 차별화된 점을 지적하고 있으며, 애니메이션학의 성립조건과 방향을 제시한다. 워드(2003), 브래드버리(2000), 왓슨(1997)은 "애니메이션의 독립된 역사, 애니메이션의 허구성 간학제성(interdisciplinariness) 그리고 인식론적 측면을 언급하며 영화학, 미디어학 등에 종속된 하위학문이 아닌 독립성을 갖춘 학문 분야"라고 주장했다. 애니메이션학(animation studies)은 연관한 여러 학문(multi-sited)과 연계하여 설명할 수 있으며, 인접한 학문의 원리가 맞물려 다학제적으로 접근해야 함을 의미한다.

디지털 기반의 애니메이션은 대중 영상 오락 수준에서 벗어나 문화

16 M. Furniss, Art in Motion: Animation Aesthetics. Sydney and London: John Libbey, 1998.

17 K. Bradbury, op. cit.

18 P. Watson, op. cit.

19 P. Watson, op. cit.

콘텐츠 산업의 새로운 핵심요소로 부상하며 학문의 영역을 넓혀가고 있다. 애니메이션을 키워드로 인문예술, 예술실습, 경제 · 산업, 공학 · 기술, 교육 분야에서 연구가 진행되고 있다. 애니메이션은 2000년대 이전에 비해 더욱 다학제적 · 간학제적 특성을 드러내고 있으며, 또한 기존에는 영화학, 미디어학의 종속적 분야로 인식되었지만 최근 영상문화콘텐츠의 범주로 확대되면서 그 영역을 확장하고 있다.

02
애니메이션 캐릭터에 구현된 동·서양 문화

- 〈쿵푸 판다〉 제작 배경
- 쿵푸에 대한 이해와 패러디
- 의인화된 동물 캐릭터
- 주인공 판다 '포'
- 할리우드 장면연출
- 미국 대중문화의 반영
- 도가 사상의 발현
- 불교 사상의 연출 '일체유심조(一切唯心造)'
- 중국의 산수와 고대건축
- 〈쿵푸 판다〉의 문화적 의의

〈쿵푸 판다〉 제작 배경

〈쿵푸 판다(Kung Pu Panda)〉(2008)는 2008년 미국의 대표적인 애니메이션 스튜디오인 드림웍스(Dreamworks)에서 중국 전통무술인 쿵푸와 국보급 동물인 판다를 소재로 제작한 액션 코믹 장르의 애니메이션 영화다. 〈쿵푸 판다〉는 전 세계 69개국에서 개봉되었다. 총 흥행수익은 2억 1,540만 달러이며, 중국 시장의 수익은 2,600만 달러에 이르는 세계적 흥행을 기록했다. 이러한 흥행에 힘입어 2008년 초기작이 나온 이후 2011년 〈쿵푸 판다 2〉가 제작되었고, 2016년 〈쿵푸 판다 3〉가 중국과 합작하여 제작되었다. 타임엔터테인먼트의 콜리스(Corliss, 2008)는 "〈쿵푸 판다〉는 대단히 만족스러운(ultra-satisfying) 오락물이며, 영화에 그 비법이 담겨 있다"라고 했으며, 연합통신의 리포터 커크(Kirk, 2008)는 "〈쿵푸 판다〉는 모든 연령층과 인종에 통할 수 있는 재미와 흥미를 갖고 있다"라고 극찬했을 정도로 많은 영화비평에서 호평을 받은 성공작이다. 그동안 할리우드에서는 대부분 서구의 전통 및 현대문화를 소재로 한 애니메이션 영화를 제작했지만, 〈쿵푸 판다〉는 중국의 고대와 현대 문화요소를 '애니메이션'이라는 대중오락 매체를 통해 효과적으로 재현한 것이다. 이는 중국의 문화적 · 역사적 이미지를 이용한 애니메이션 영화가 세계 대중오락의 소비성향에 부합했으며, 무엇보다 아시아 문화권인 중국의 문화를 다룬 애니메이션이 동 · 서양의 경계를 넘어 세계적인 호응을 얻을 수 있음을 보여준 성공적인 사례라 하겠다. 또한, 빠르게 성장하는 중국의 경제발전과 더불어 14억에 달하는 거대한 오락소비시장의 형성은 할리우드 영화사의 문화적 · 상업적 관심을 유도했을 것이다.

〈쿵푸 판다〉는 중국 애니메이션일까? 〈쿵푸 판다〉를 보면 세계적으로 널리 알려진 중국의 문화적 이미지가 영상화되었지만, 등장하는 캐릭터의 음성 연기와 장면연출 등 제작방식에서 할리우드적 특성이 혼재되어 있다. 중국의 전통문화 소재와 할리우드의 영화적 요소가 혼합되고 각색되어 중국적이면서도 세계적인 영화로 탄생된 것이다. 그렇다면, 〈쿵푸 판다〉 개봉 시 중국 내 반응은 어떠했을까? 베이징대학교 쿵칭둥(孔慶東) 교수는 "할리우드는 중국의 문화적 상징을 이용하여 돈을 벌 뿐만 아니라 중국인의 정신문화를 침탈한다"라고 했으며,[1] 〈인민일보〉(2008년 6월 23일자)는 '쿵푸 판다와 문화 침략'이라는 사설을 통해 중국의 전통 무술인 쿵푸와 국보급 동물인 판다를 이용한 영화 제작은 1840년 벌어진 아편전쟁에 비유될 수 있는 사건이라며 강도 높게 비판했다.[2] 또한, 판다의 주 서식지인 쓰촨지역의 행위예술가 자오반디(趙半狄)는 "(〈쿵푸 판다〉는) 중국에 대한 미국의 일종의 문화적 침략"이라고 비판했다.[3] 중국의 고유문화를 도용하여 상업적 이득을 취했으며, 할리우드적 왜곡과 판다의 희화화를 통해 중국인의 자존심을 크게 훼손했다는

---

1 https://view.news.qq.com/a/20110601/000001.htm.

2 http://news.xinhuanet.com/newmedia/2008-06-18, 〈爲什么要我們抵制功夫熊猫?〉.

3 안정훈, 〈〈뮬란〉에서 〈쿵푸팬더〉까지: 허리우드 애니메이션에 담긴 중국재현과 중국관념〉, 《중국소설논총》 32, 2009.

것이다. 특히, 판다를 게으르고, 익살스러우며, 아둔한 모습으로 묘사한 것에 대한 분노가 컸으며, 쓰촨지역을 중심으로 극장 개봉에 대한 반대 운동으로까지 전개되었다.

영화 개봉 전의 이러한 논란에도 불구하고, 개봉 3일 만에 130만을 넘었고, 3주 만에 1천만 관객을 돌파하며, 중국영화 판매 수익이 1억 위안을 넘는 대흥행을 기록했다. 홍콩 〈문회보(文匯報)〉는 '쿵푸 판다의 계시'라는 글을 통해 자오반디와 달리 〈쿵푸 판다〉의 성공적인 흥행이야말로 중국 소재가 세계 영화시장을 점유할 수 있음을 보여준 좋은 사례라고 옹호했다. 향후 중국은 전통 소재를 활용한 영화 제작뿐 아니라 타국의 전통 이야기 소재라 할지라도 먼저 개발하여 영화산업을 발전시켜야 한다고 주장했다. 또한, 〈쿵푸 판다〉는 많은 중국 관객으로부터 '중국보다 더 중국적인 영화'라는 찬사와 함께 많은 긍정적 평가를 받았다. 이는 중국의 개방화와 더불어 이념이나 민족주의적 관점보다는 글로벌화 시대의 문화 교류와 대중오락에 대한 관객의 성향과 기호가 더 우선임을 알 수 있다.

〈쿵푸 판다〉는 마크 오스본(Mark Osborne)과 존 스티븐슨(John Stevenson)이 감독을 맡았다. 미국 출신의 마크 오스본은 1994년 〈그리너(Greener)〉를 시작으로 스톱 모션 애니메이션 〈모어(More)〉(1998)를 제작했으며, TV 애니메이션 시리즈 〈스폰지밥(Sponge Bob Square Pants)〉의 프로듀서를 역임했다. 그는 〈쿵푸 판다〉를 통해 세계적인 애니메이션 감독으로 주목받게 된다. 영국 출신의 존 스티븐슨은 TV 시리즈 〈머펫쇼(The Muppet Show)〉(1978~1981)의 캐릭터 디자인과 스토리보드 아티스트로 시작하여 〈슈렉(Shrek)〉(2001), 〈슈렉(Shrek) 2〉(2001), 〈마다가스카(Madagascar)〉(2005)의 스토리 책임자로 참여했다. 〈쿵푸 판다〉의 스토리는 다음과 같다.

평화 계곡에 있는 국수 식당에서 아버지와 함께 일을 하고 있는 포는 항상 쿵푸 전사가 되길 꿈꾼다. 하지만 아버지는 포가 가업인 식당을 잇게 하고 싶어 한다. 그러던 어느 날, 용문서의 전수자를 선정하기 위한 '무적의 5인방' 대결을 보러 제이드 궁으로 가게 된 포는 대사부 우그웨이로부터 용문서 전수자로 선정된다. 이후 우그웨이의 믿음과 시푸의 쿵푸 가르침으로 위대한 전사로 거듭난다. 시푸가 예전에 사랑했던 제자인 타이렁이 용 문서를 뺏기 위해 어둠의 감옥에서 탈출하여 평화의 계곡으로 다가오며 마을 사람들은 혼란에 빠진다. 포는 우그웨이와 시푸 사부의 가르침을 통해 모든 일은 본인의 마음먹기에 달려 있음을 깨닫게 되고, 타이렁과의 최후 결투에서 승리하고 마을을 구하게 된다.

포에게 집안 대대로 내려온 식당 일은 일상 속의 현실이고, 위대한 쿵푸 전사가 되는 것은 한낱 공상에 불과하다. 하지만 대사부 우그웨이로부터 위대한 전사로 선정되면서 스토리의 대반전과 함께 그의 꿈은 점차 현실이 되어간다. 이러한 〈쿵푸 판다〉의 스토리 구성은 진부한 플롯으로 볼 수 있다. 하지만 중국 고대문화 요소의 각색과 할리우드식 장면연출, 그리고, 코믹하고 긴박한 액션으로 〈쿵푸 판다〉만의 세계를 창조하고, 기존 영화와 차별화된 독특한 오락성을 표출하고 있다.

쿵푸에 대한 이해와 패러디

제작 초기 프로덕션 디자이너 레이먼드 지바흐(Raymond Zibach)와 아트 디렉터 탕 헹(Tang Heng)은 다년간 중국의 고대 예술과 관련한 그림, 조각, 건축 등 다양한 문화 유적지를 방문하여 캐릭터 디자인과 장면구성에 대한 기획단계 작업을 진행했다. 마크 오스본 감독[4]은 중국 문화에 대한 관심과 호기심이 컸으며, 특히 쿵푸가 격투만을 위한 신체 단련이 아닌 심적 깨달음을 바탕으로 한 무술로서 이해하고 받아들였다. 쿵푸는 심신수련을 위해 정진하는 '마음공부'라는 불교사상에서 기원하며, 공부(工夫)에 대한 중국식 발음이 쿵푸이다. 쿵푸는 무술 행위만을 위한 것이 아니라 여타 동양 무술처럼 도(道)를 중시하고, 깨달음을 추구하는 중국 전통사상과 연관한 무술인 것이다. 제작팀은 이러한 인식을 바탕으로 쿵푸의 무술 동작과 심오한 정신세계를 액션 연출과 전체 서사에 담아내고자 노력했다. 특히, 스토리 전개에서 포가 불교의 일체유심조를 깨닫는 과정을 묘사하여 그 깨달음의 의미를 쿵푸에 적용함으로써 동양적

4 마크 오스본은 스톱모션 단편 애니메이션 〈모어〉를 통해 오스카상 후보에 오르는 등 유명 감독으로 입지를 다졌으며, 세계적으로 인기 있는 '스폰지밥' 캐릭터를 창조하기도 했다. 또한 영화 〈쿵푸 판다〉의 기본 스토리 시퀀스와 제작에 중요한 역할을 했다.

가치관을 구현한다. 이는 외적으로 보이는 쿵푸의 화려함과 더불어 중국의 깊은 정신세계를 동시에 표현한 것이다.

존 스티븐스 감독은 어릴 때부터 동양 문화와 쿵푸에 대한 관심이 많았다고 회고했으며, 쿵푸에 대한 그의 태도는 진지했다. 존 스티븐스 감독은 2010년 안동대학교에서 특강할 때 "쿵푸를 패러디할 때 우스꽝스럽게 하지 않겠다", "재미있으나 우스꽝스러운 영화를 만들지는 않겠다", "쿵푸라는 것에 대해 존중하며 진지하게 표현하자"라는 세 가지 제작 의도를 설명한 바 있다. 그는 〈쿵푸 판다〉에 대해 진심으로 쿵푸를 사랑하는 사람들이 모여 정성을 다해 만든 결과라고 언급했다.

그는 창의적인 아이디어를 구성하기 위해 수년간 제작자들과 중국 무협영화를 섭렵했다. 이소룡, 성룡, 이연걸의 액션영화를 통해 쿵푸 동작을 참고했으며,[5] 장예모 감독의 〈영웅(Hero)〉(2002), 〈연인(House of Flying Daggers)〉(2004), 이안 감독의 〈와호장룡(Crouching Tiger, Hidden Dragon)〉(2000)을 깊이 있게 분석했으며, 이를 통해 의인화된 동물 캐릭터들의 독특한 쿵푸 동작을 창조했다. 프로덕션 디자이너 레이먼드 지바흐는 소림사로 직접 가서 쿵푸 동작을 관찰했으며, 제작진은 우슈 지도자 에릭 첸(Eric Chien)을 만나 쿵푸 수련을 직접 받기도 하였다. 이러한 제작진의 노력과 열정은 그들이 어떻게 중국문화를 이해하고 받아들였는지 알 수 있으며, 단순 오락거리로 치부될 수 있는 애니메이션이 제작과정에서 얼마나 정교하고 세심하게 기획되었는지 알 수 있는 대목이다.

중국의 전통 무술인 쿵푸가 미국과 유럽에서 대중적 관심이 일기 시작한 것은 언제부터였을까? 대중 영화사의 측면에서 보면, 전설적

---

5 http://www.china.com.cn/culture/weekend/2008-06/12/content_15765617.htm.

인 쿵푸 마스터 이소룡 주연의 〈당산대형〉(1971), 〈정무문〉(1972), 〈용쟁호투〉(1973), 〈맹룡과강〉(1974) 등의 영화를 통해서이다. 동양의 신비로운 무술을 쓰는 이소룡이 덩치 큰 서구인을 쓰러뜨리는 모습은 스릴 있는 액션과 함께 큰 반향을 불러일으켰다. 이후 쿵푸를 소재로 한 원화평 감독의 〈취권〉(1978), 이안 감독의 〈와호장룡〉(2000), 장예모 감독의 〈영웅〉(2003), 주성치 감독의 〈쿵푸 허슬〉(2004) 등 세계적인 작품을 통해 꾸준히 이어진다. 또한, 할리우드에 진출한 성룡, 이연걸, 주윤발 등 중화권 액션 스타를 통해 쿵푸의 이미지가 더욱 알려지게 된다. 쿵푸는 중국 고유의 이미지가 아닌 세계적 유통망을 갖는 할리우드를 통해 오락성을 띤 영화의 소재로 각색되고 연출되어 세계 관객에게 전달된 것이다. 이를 통해 중국이 갖는 정치적 이미지와 달리 문화를 내재한 친숙한 이미지로 거듭나게 된다. 원화평 감독이 무술감독으로 참여한 릴리 워쇼스키(Lily Wachoski), 라나 워쇼스키(Lana Wachowski) 감독의 〈매트릭스(Matrix)〉(1999)에서 연출된 쿵푸 액션은 SF 스타일과 맞물리며 영화 연출의 새로운 영역을 개척한다. 〈매트릭스〉에서 네오가 날아오는 총탄을 거의 바닥에 닿을 듯한 액션으로 피하는 장면은 쿵푸 동작을 연상시키며, 쿵푸가 새로운 액션 장면을 연출하는 극적 요소로 주목받게 된다. 그동안 신비롭게 여겨지던 혹은 서구인의 관심 밖의 중국 무술인 쿵푸가 여러 할리우드 액션영화에서 연출되며 쿵푸를 소재로 한 영화는 하나의 무협액션 장르로 자리 잡게 된 것이다. 성룡을 비롯한 중화권 액션 스타의 할리우드 진출, 〈영웅〉을 비롯한 쿵푸 소재 영화의 세계적 흥행, 그리고 〈매트릭스〉, 〈포비든 킹덤〉과 같이 할리우드에서 제작한 영화 속 쿵푸는 서구 및 세계 관객에게 친숙한 문화적 코드로 자리 잡는다. 이러한 맥락의 연장선상에서 세계 관객은 〈쿵푸 판다〉를 통해 중국의 이미지와 자연스럽게 연계 되는 것이다.

〈쿵푸 판다〉의 여러 장면에서는 쿵푸 액션이 등장한다. 극 중 시푸가 만두를 이용하여 포의 식욕을 자극하며 훈련시키는 장면은 〈취권〉을 연상시킨다. 〈취권〉은 성룡이 술 취한 듯, 비틀거리는 액션과 함께 코믹무협액션 장르를 선보였으며, 이소룡이 보여준 무겁고 진지한 액션과 차별화된 시도로 긴장감과 웃음을 동시에 유발하는 코믹 영화로 탄생되었다. 포의 과장된 몸짓과 익살스러운 표정으로 훈련하는 모습은 성룡과 비슷하고, 뚱뚱하면서도 유연한 쿵푸의 액션은 포의 체형과 비슷한 액션 배우 홍금보의 이미지와 오버랩된다. 포가 타이렁과의 마지막 결투에서 타이렁을 배의 탄력을 이용하여 하늘 높이 날려 보내는 장면은 〈쿵푸허슬〉의 마지막 결투 장면과 거의 유사하다. 기존 중국 무협영화에서 보여준 유명한 장면을 패러디하여 중국 무협영화의 연출 패턴과 연계되는 것이다. 또한, 〈쿵푸 판다〉는 실사영화와 달리 최신 컴퓨터그래픽의 특수효과를 통해 현실 속 물리적 동작을 초월한 환상적인 장면을 연출하고 있다. 의인화된 다양한 동물 캐릭터의 독특한 쿵푸 액션은 긴장감의 고조와 화려한 볼거리를 제공하며 오락성을 극대화한 것이다.

의인화된 동물 캐릭터

1969년 미국은 '닉슨 독트린'을 통해 사회주의 국가와 냉전체제를 완화하고자 했으며, 중국 마오쩌둥 주석과 〈상해공동성명〉을 선언하며 정식으로 수교하게 된다. 1980년대 중국은 덩샤오핑의 개방정책과 시장경제 체제의 도입으로 미국 및 서구 국가들과 교류가 활발해진다. 하지만 1990년대까지 중국은 서구인에게 미지의 세계였으며, 중국 문화에 대한 이해와 정보가 부족한 상태였다. 이러한 시기에 월트 디즈니에서 중국 남북조 시대 여성 영웅을 그린 화목란(花木蘭)을 소재로 2D 애니메이션 〈뮬란(Mulan)〉(1998)을 제작한다. 1990년대 월트 디즈니는 〈뮬란〉 이전에도 비서구권 문명을 소재로 여러 편을 제작한 바 있다. 이슬람권 설화인 아라비안나이트(Arabian Nights)의 천일야화(千一夜話) 중 하나인 알라딘과 요술램프를 소재로 한 〈알라딘(Aladin)〉(1992), 아메리카 실존 원주민 여성 이야기를 다룬 〈포카혼타스(Pocahontas)〉(1995)이다. 이 두 작품은 그동안 문학 형태로 서구권에 널리 알려졌지만, 〈뮬란〉의 화목란은 서구권에 거의 알려지지 않은 소재로 중국 역사라는 낯선 세계를 영화화하는 새로운 시도였다.[6] 당시 월트 디즈니는 〈인어공주(The Little Mermaid)〉(1989), 〈미녀와 야수(Beauty and the Beast)〉(1991), 〈노틀담의 곱추(The Hunchback of Notre Dame)〉(1996), 〈헤라클래스(Hercules)〉(1997) 등 주로 서구 문화 중심의 애니메이션 영화를 제작하던 때였다.

하지만 서구 관객에게 전혀 알려지지 않은 〈뮬란〉의 제작은 전 세계 관객에게 아시아 문화에 대한 호기심과 관심을 유도하기에 충분했다. 〈뮬란〉 제작 직전의 작품은 〈헤라클래스〉인데, 두 작품의 성향이 매우 판이하다. 〈헤라클래스〉가 서구 문명의 원류인 그리스를 배경으로 한다면, 〈뮬란〉은 아시아 문명의 중심인 중국을 배경으로 한다. 또한, 캐릭터 구성에서도 〈헤라클래스〉는 그리스 신화 속 남성이 주인공이지만, 〈뮬란〉은 중국 역사 속 진취적인 여성 영웅을 다뤘다는 점이다.

월트 디즈니에서 제작한 〈뮬란〉의 역사적 의미는 중국 전통 소재를 다룬 최초의 극장용 애니메이션 영화라는 것이다. 그렇다면, 월트 디즈니에서 중국 이미지를 어떻게 애니메이션으로 표현했을까? 캐릭터 디자인을 중심으로 살펴보면, 주인공 여성인 뮬란의 얼굴은 가늘고 눈꼬리가 올라간 눈, 광대뼈가 튀어나온 넓은 얼굴 등 실제 중국인의 모습이라기보다는 서구인의 시각에 정형화된 패턴을 따르고 있다. 미국에서 제작한 유명 애니메이션인 〈사우스 파크(South Park)〉(1999), 〈심슨네 가족들(Simpsons)〉(1989), 〈패밀리 가이(Family Guy)〉(1999) 등에서 그려진 중국인에 대한 이미지는 눈꼬리가 올라간 작은 눈으로 단순화시켜 묘사되고 있다. 이러한 맥락에서 본다면, 뮬란 등 중국 여성 캐릭터는 서구인의 왜곡된 인식

6 김준양, 앞의 책.

과 시각에 따라 사실과 다르게 정형화된 형상으로 표상화된 것이다.[7] 이러한 동양인에 대한 묘사는 여러 애니메이션에서 재생산되고 반복되면서 하나의 시각적 고정관념으로 규정화된다. 이는 서구인 중심의 세계관과 더불어 아시아에 대한 할리우드식 오리엔탈리즘이 드러난다고 할 수 있다. 또한, 〈뮬란〉은 중국의 남북조 시기를 배경으로 하지만 뮬란의 아버지 등 등장 캐릭터의 복장이 중국식이 아닌 일본 전통 복장으로 묘사되었다. 이처럼 사실과 다른 묘사는 중국 역사와 문화에 대한 몰이해에서 비롯되었으며, 중국을 포함한 동아시아를 하나의 전통 문화권으로 정의 내리는 자의적 해석과 편향된 시각에 기인한다고 볼 수 있다.

중국의 역사적 사건을 배경으로 한 〈뮬란〉과 달리 10년이 지난 2008년 제작된 〈쿵푸 판다〉는 허구적 스토리에 기반하며, 의인화된 동물 캐릭터를 통해 중국인의 외모에 대한 할리우드식 묘사에서 자유롭다. 동물 캐릭터를 사용하여 실사촬영 영화보다 문화할인율(文化割引率, cultural discount rate)이 낮아 인종적 · 문화적 거부감이 덜하고, 세계시장으로 접근하는 것이 용이하다. 문화할인율이란 문화권 간 대중문화의 교류 가능성을 평가하기 위한 지표로, 한 문화권의 문화상품이 다른 문화권으로 진입했을 때 문화적 차이로 인해 어느 정도 가치가 떨어지는 현상을 뜻한다. 문화할인율이 낮다는 것은 한 나라의 문화상품이 다른 나라에 수용되기 쉽다는 뜻이다. 〈쿵푸 판다〉 속 주인공 포는 판다, 대사부는 거북, 쿵푸 사부는 너구리, 5인의 전사는 호랑이, 원숭이, 뱀, 학, 사마귀이며, 교도소장과 병사는 코뿔소, 악당으로 등장하는 타이렁은 표범 등 다양한 동물 캐릭터를 의인화했다.

---

7 안정훈, 앞의 책.

무적의 5인방인 다섯 도제는 중국 고대 무술을 바탕으로 티그리스(Tigress)의 호권, 몽키(Monkey)의 원숭이권, 바이퍼(Viper)의 사권, 크레인(Crane)의 학권, 맨티스(Mantis)의 당항권 등 각 동물의 개성에 적합한 무술을 적용했다. 5인의 전사 이름은 우그웨이나 시푸와 달리 각 동물을 뜻하는 영어단어를 그대로 사용하여 단순화했다. 음성 연기에서 몽키는 홍콩 액션 배우 성룡이 맡았으며, 바이퍼는 타이완계 미국인 루시 리우(Lucy Liu)가 연기했다. 성룡은 〈취권〉의 흥행을 기점으로 이후 〈오복성〉(1983), 〈폴리스 스토리〉(1985), 〈용형호제〉(1986) 등 많은 작품에서 연기했다. 특히, 기존 고수들끼리 대결하던 전통적인 결투 방식에서 도시를 배경으로 한 현대적이고 세련된 새로운 쿵푸 액션을 선보임으로써 오락성을 배가했다. 성룡은 〈배틀 크리크〉(1980)를 시작으로 〈러시아워〉(1998) 등의 작품을 통해 세계적인 스타로 발돋움한다. 루시 리우는 2000년 드류 베리모어, 캐머런 디아즈와 함께 출연한 〈미녀 삼총사〉, 쿠엔틴 타란티노 감독의 〈킬빌〉(2003)에서 연기하며 미국에서 대중적 스타로 부상한다. 이렇게 세계적으로 널리 알려진 중국계 배우를 음성 연기자로 캐스팅함으로써 중국적인 감성과 정서가 더욱 부여된 것이다.

무적 5인방은 각 동물의 이미지와 특색 있는 권법, 그리고 음성 연기를 통해 개성 있는 보조 캐릭터로 구성되었다. 실제 동물의 원형에서 애니메이션을 통해 디자인되고 쿵푸와 관련한 각각의 개성을 구축하여 중국적인 캐릭터로 재탄생된 것이다. 이와 같이 애니메이션 캐릭터는 창의적 각색과 CG 기술을 통해 하나의 살아있는 존재로 창조된 것이다. 이는 〈쿵푸 판다〉가 〈뮬란〉과 달리 중국의 유 · 무형 문화에 대한 정확한 이해와 더불어 세계인의 오락적 기호에 부합하도록 정교하게 디자인하고 재해석한 것임을 알 수 있다.

주인공 판다 '포'

판다는 중국 서부의 산지에 서식하며, 특히 쓰촨지역을 주요 서식지로 하는 자이언트 판다과 동물이다. 전 국민적 사랑을 받는 판다는 중국에서 '제1급 보호동물'로 '제1급 보호동물'로 관리되고 있으며, 판다의 해외 유출을 엄격하게 금지하고 있다. 개체수와 서식지 등 모든 것은 중국 정부의 보호하에 관리되고 있다. 외교적으로 우호관계에 있는 나라에 친선의 의미로 선물했으며, 1984년 이후부터는 대여 형식으로 보내졌다. 상대국과 우호친선을 위해 판다를 선물하는 것을 '판다외교'라고 부른다. 1972년 리처드 닉슨 대통령의 방중을 기념해 자이언트판다 씽씽을 미국에 선물하는 것으로 시작해 1970년대 소련, 북한, 일본, 영국, 프랑스 등 9개국에 판다를 선물했다. 한국 또한 1994년 한중 수교 2주년 기념으로 '밍밍'과 '리리'라는 이름을 가진 한 쌍의 판다를 기증받았다. 판다는 단순한 동물이 아닌 중국을 상징하는 동물이며, 외교적으로 우호관계를 상징할 뿐만 아니라 전 국민의 사랑을 받는 국보(國寶)인 것이다.

중국인은 판다를 '따슝마오(大熊猫)'라고 호칭하기도 하지만, 일반적으로 '궈바오(國寶)'라는 명칭으로 부른다. 궈바오를 줄여서 '바오(寶)'라고 부르며, 광둥어로는 '포'라고 부른다. 이를 영어식으로 표기해서 주인공 이름이 '포(Po)'로 지어진 것이다. 포는 실제 판다의 귀엽고 통통한 모습과 코믹한 개성이 드러나도록 디자인되었다. 3D 그래픽을 통해 캐릭터의 형상이 완성되면, 움직임을 주는 애니메이팅 작업으로 이어진다. 의인화된 포는 곰의 동작과 사람 같은 움직임이 동시에 구현되어야 한다. 애니메이터들은 판다의 고유한 움직임을 최대한 살리기 위해 동물 생체역학 교수인 스튜어트 수미다(Stuart Sumida)에게 동물의 근육 및 골격구조와 움직임에 대해 교육을 받았다. 섬세한 쿵푸 동작을 만들기 위해서는 손목의 각도, 발목의 움직임, 손가락의 형태가 중요하다. 판다의 경우 손가락이 굵어서 쿵푸의 섬세한 동작을 표현하는 데 많은 어려움이 있다. 하지만 애니메이터들은 판다의 신체적 구조에 대한 이해와 함께 쿵푸 동작을 각색하여 과장되고 독창적인 동작으로 구현하였다.

느린 듯 유연한 쿵푸 액션, 뱃살의 출렁임 등 동물적이면서 의인화된 포의 사실적인 동작이 완벽하게 구현된다. 5인의 전사 중 몽키의 음성 연기를 맡은 성룡은 "〈쿵푸 판다〉의 액션은 애니메이션 그 이상의 디테일이 살아있다. 나의 액션과 드림웍스의 기술력이 합쳐져서 나의 액션 수준을 한 단계 업그레이드해줬으면 좋겠다"라며, 동물 캐릭터들의 섬세한 쿵푸 동작에 대해 감탄했다.[8] 그동안 관객은 애니메이션 영화 속 음성 연기자에 대해서는 별 관심이 없었으며, 캐릭터의 모습 자체에 주목했다. 하지만 최근 할리우드 애니메이션 영화의 음성 배역에 유명한 영화배우들을 섭외하여 영화의 홍보뿐 아니라 캐릭터의 개성을 강화하는 수단으로 삼고 있다. 이는 널리 알려진 영화배우의 이미지와 가상 캐릭터의 이미지가 혼합되며, 실제 인물과 연계한 캐릭터의 개성이 창조

8 https://www.newsen.com/

되는 것이다. 〈쿵푸 판다〉 또한 할리우드 유명 배우의 음성 연기로 제작 과정에서부터 큰 화제가 되었다. 제작 시작 단계부터 음성 연기자의 개성에 맞추어 캐릭터 디자인이 시작되었다. 포의 음성을 연기한 잭 블랙(Jack Black)은 2004년 제13회 MTV영화제 코미디 연기상을 수상한 것으로 알 수 있듯이 코믹하고 익살스러운 개성으로 잘 알려진 미국 배우다. 잭 블랙은 〈사랑도 리콜이 되나요(High Fidelity)〉(2000), 〈내겐 너무 가벼운 그녀(Shallow Hal)〉(2001), 〈스쿨 오브 락(School of Rock)〉(2003) 등 많은 영화에서 코믹한 연기를 선보였다. 또한 애니메이션 영화 〈아이스 에이지(Ice Age)〉(2002)의 주인공인 제크(Zeke), 그리고 〈샤크(Shark Tale)〉(2004)의 레니(Lenny)의 음성 연기를 한 바 있다.

잭 블랙의 이미지는 포의 캐릭터 콘셉트로 이어졌으며, 뚱뚱하고 귀여운 판다의 외형과 잭 블랙의 코믹한 개성이 일체화되어 새로운 캐릭터로 창조되었다. 또한, 사람 같은 포의 다양한 표정 연기는 CG를 통해 완벽하게 표현되었으며, 동물과 사람의 경계를 넘어서는 '포'라는 캐릭터의 생명력을 강화하였다. 포는 판다의 원형에서 CG 애니메이션 작업을 통해 의인화된 가상 캐릭터로 제작되었고, 동물이면서 사람 같은 움직임 및 섬세한 표정이 구현되었으며, 잭 블랙의 음성 연기를 통해 개성 있는 캐릭터로 탄생된 것이다.

할리우드 장면연출

〈쿵푸 판다〉의 코믹한 요소는 포의 과장된 몸짓과 표정 연기를 통해 구현된다. 제이드궁에 가기 위해 뱃살을 출렁이며 간신히 계단을 오르는 장면, 제이드궁 입구에서 안으로 들어가기 위해 몸부림치는 익살스러운 모습, 5인의 전사와 국수를 먹다가 얼굴에 붙은 국수 가락으로 시푸 사부를 흉내 내는 장면 등 많은 웃음과 코믹한 분위기를 연출한다. 이러한 포의 과장된 연기는 〈맨 인 블랙(Men in Black)〉(1997)의 윌 스미스(Will Smith)나 〈비버리 힐스 캅(Beverly Hills Cop)〉(1984)의 에디 머피(Eddie Murphy), 성룡이 주인공으로 나오는 영화 〈러시 아워(Rush hour)〉(1998)의 동료 형사로 나오는 크리스 터커(Chris Tucker) 등 할리우드 코믹액션 배우들의 슬랩스틱 코미디(slapstick comedy)를 연상케 한다. 슬랩스틱 코미디는 대사를 사용하지 않고 배우의 과장된 동작을 통해 코믹한 장면을 연출하는 것이며, 찰리 채플린이 대표적인 슬랩스틱 코미디 연기자다. 포의 과장된 몸 연기와 빠른 말투, 덜렁대고 익살스러운 연기는 윌 스미스, 에디 머피, 크리스 터커를 연상케 하는 연기를 선보이며 할리우드의 전형적인 코믹액션 영화의 연출 패턴을 보이고 있다.

또한, 포는 액션 장르에 걸맞은 영웅적 캐릭터의 모습을 보인다. 시푸의 무술 훈련에 따라 점차 초월적인 쿵푸 실력을 갖추게 되고, 절대 악으로부터 위기에 처한 마을 사람들을 구한다. 항상 장난기가 넘치지만 위기의 순간 감춰진 힘을 발휘하여 개인보다는 다수를 위해 정의를 실현한다. 이는 권선징악을 주제로 한 액션 장르의 애니메이션 영화에서 보이는 전형적인 슈퍼히어로의 특성을 갖추고 있다고 할 수 있다. 포는 코믹한 연기와 슈퍼히어로의 모습을 보이며 더욱 친근하고, 정의로운 판다의 모습으로 연출된다. 이러한 할리우드식의 코믹한 장면구성은 중국과 서구 관객에게 낯설지 않게 문화적 이질감을 해소하고, 자연스럽게 세계 관객의 몰입을 유도한 것이다.

미국 대중문화의 반영

극 중 다른 캐릭터와 달리 '시푸(師父)'의 이름은 한자를 영어식으로 그대로 발음함으로써 중국적인 색채를 더하였다. 미국인의 시각에서 이러한 중국어 발음과 언어 톤은 중국 고유의 분위기와 이국적 느낌을 더할 것이다.[9] 시푸의 외향을 보면, 북아메리카를 서식지로 하는 너구리과에 가까운 동물이라는 설과 레드 판다(red panda, 小熊猫)라는 설이 있다. 하지만 어디선가 본 것 같은 왜소하고 귀가 큰 외모는 〈스타워즈(Star Wars)〉(1977)에 나오는 요다(Yoda)를 연상시킨다. 〈스타워즈〉는 1977년 조지 루카스 감독이 제작한 SF 에픽 스페이스 오페라 영화로, 2020년 아홉 번째 작품까지 제작된 초대형 시리즈물이다. 〈스타워즈〉는 SF영화의 고전으로 세계적 흥행과 함께 미국과 유럽에서는 세대를 초월한 많은 팬층을 확보하고 있다. 〈스타워즈〉 속 요다는 주인공 제다이의 정신적 스승으로 최고의 무술 경지에 이른 절대적인 존재를 상징한다. 미국의 사회학자 데이비스는 그의 저서 《욕망의 진화》에서 현실의 불확실성과 불안을 이겨나가기 위해 절대적인 존재에게 의존하는 현상을 '요다

9 안정훈, op. cit.

이즘(Yodaism)'이라고 정의한 바 있다. 이는 〈스타워즈〉가 영화오락의 수준을 넘어서 사회적 현상을 묘사하는 매개로 인용된 것이다. 〈스타워즈〉 속 요다의 이미지는 시푸의 외적 형상과 오버랩되며, 관객은 자연스럽게 무술의 경지가 높은 스승의 이미지로 인식하게 된다. 여기에 더해 시푸의 음성 연기는 세계적으로 유명한 더스틴 호프만(Dustin Lee Hoffman)이 열연하여 캐릭터의 완성도를 더욱 높였다. 시푸는 현실적이고 논리적이며, 눈에 보이는 현상만을 믿는다. 이러한 성격은 극 중 우그웨이가 판다포를 위대한 전사로 선택될 때도 우그웨이의 결정에 따르길 주저하였으며, 타이렁의 탈출을 예견했을 때 이를 의심하며 믿지 않았다. 이처럼 시푸는 현실적이고 즉시적인 성격을 보이며, 대사부 우그웨이와 다른 개성을 보인다.

도가사상의 발현

대사부 우그웨이는 도가사상에서 나오는 세상을 초월한 현인적인 캐릭터로 묘사되었다. 거북 형상의 우그웨이는 도가에 큰 영향을 준《주역》의 팔괘가 갈라진 거북의 등에서 유래했다는 발원을 참고하여 디자인되었다. 영화의 시작 부분에서 우그웨이는 악의 기운을 감지하고 멀리 떨어진 어둠의 감옥에 갇혀 있는 타이렁의 탈출을 예견한다. "타이렁은 돌아올 거다(Tilung will returen)." 하지만 시푸는 이를 부정한다. 또한, 우그웨이가 위대한 전사를 선택하는 장면에서 "우리 중에 용의 전사의 기운이 느껴진다(I sensed great warrior among us)"라고 말하며, 모든 이가 기대한 5인의 무적 전사 중 한 명이 아닌 판다 포를 위대한 전사로 선택한다. 또 다른 장면에서 황급히 뛰어온 시푸가 우그웨이에게 타이렁이 탈출했음을 보고한다. "스승님, 매우 안 좋은 소식이 있습니다(Master, I have a very bad news)"라고 말할 때 대사부 우그웨이는 "소식은 소식일 뿐 좋은 것도 나쁜 것도 아니다(Shifu, There is just news. There is on good or bad)"라고 답한다. 시푸는 현재 일어나는 일에 대해 일반 통념의 상식에 따라 걱정과 감정을 표현하지만, 우그웨이는 현상에 드러나는 즉시적 판단보다는 본질에 대한 파악과 선문답 같은 대화를 통해 미래를 암시한다. 이는 우그웨이가 미래를 내다보는 현인적 캐릭터임을 연출한 것이다.

우그웨이가 포와 시푸에게 자연의 섭리를 통해 정신적 가르침을 준 장소는 절벽 위 복숭아나무가 있는 곳이다. 우그웨이가 포에게 말을 건넬 때 "지혜의 복숭아나무 아래서 누가 명상을 하는고?"라는 대사는 복숭아나무가 도가의 상징성을 띠는 나무임을 암시한다. 또한, 대사부 우그웨이가 시푸에게 대사부의 지위를 넘겨주며, "아마도 시간은 오고 있으며, 너는 믿어야 한다(Maybe time has come, you must believe)"라는 말과 함께 사라지는 장면은 마치 신선이 된 우그웨이가 선계로 떠나는 모습을 연상케 한다. 도화(桃花)의 꽃잎이 휘날리고, 도를 터득한 현인이 속세를 떠나는 신비로운 모습으로 묘사된 것이다. 이러한 동양사상이 담긴 장면의 판타지적 시각화는 할리우드 영화 제작진이 어떻게 '동양적 신비로움과 초월적 인식'을 담아냈는지 알 수 있는 대목이다. 이와 같이 중국 전통사상인 도가사상을 애니메이션이라는 창조적 매체를 통해 오락성과 더불어 은유적으로 연출하고 있음을 알 수 있다.

불교사상의 연출 '일체유심조(一切唯心造)'

전체 시퀀스에서 불교의 깨달음을 암시하는 장면을 통해 중국의 종교를 깊이 있게 묘사하며, 스토리의 핵심적인 부분을 표현한다. 일체유심조는 "일체의 제법(諸法)은 그것을 인식하는 마음의 나타남이고, 존재의 본체는 오직 마음이 지어내는 것일 뿐"이라는《화엄경(華嚴經)》의 중심 사상이다. 이는 일체의 모든 것을 어떻게 인식하고 수용하는지는 본인의 마음에 달려 있음을 나타내는 불교의 인식론이다. 포는 위대한 전사가 되기 위해 시푸 사부로부터 건네받은 용 두루마리를 큰 기대와 함께 여는 순간 아무런 내용이 없어 크게 실망한다. 이후 포는 아버지와 피난길에 오르는 순간 아버지에게서 가문 대대로 전해져 오는 국물을 만드는 비법에 대해 듣게 된다. 하지만 그의 아버지는 비법에는 아무것도 없으며, 특별한 요리를 만들 때 특별하다고 믿는 마음의 자세가 중요하다고 말한다. 그 순간 포는 용의 문서에 왜 아무런 내용이 없는지 그 이유를 알게 된다. 이는 본체 대한 인식의 차원으로 깨달음이나 마음의 평정 상태를 이루기 위해서는 어떤 실체에 달린 것이 아니라 자기 스스로의 마

음 안에 있다는 《화엄경》의 중심 사상인 '일체유심조'임을 암시한다.[10]

이러한 깨달음을 얻은 포는 마지막 결투에서 타이렁이 용 문서에 아무런 내용이 없는 것에 놀랄 때, 그 의미를 설명해준다. 이는 포가 깨달음의 경지를 넘어 완성의 경지에 이르렀음을 보여준 것이다. 이와 같이 포의 일체유심조에 대한 깨달음의 과정은 첫째, 용의 문서에 대한 세속적 기대에 따라 실망했으며, 둘째, 또 다른 계기인 국물 비법에 대한 아버지의 대답을 통해 깨달음을 얻게 된다. 셋째, 깨달음의 의미를 다른 이에게 전달함으로써 완성된 경지에 이르렀음을 알 수 있다.

포가 불교의 인식적 깨달음을 객체적으로 수용했다면, 깨달음의 의미를 쿵푸에 주체적으로 적용함으로써 동양적 가치관이 구현된 것이다. 이는 불교사상과 쿵푸의 인과적 관계가 스토리를 통해 재현되고 있음을 알 수 있다.

---

10 안정훈, 앞의 책.

중국의 산수와 고대 건축

극 중 배경은 무적의 5인방과 사부가 머무는 제이드궁, 포가 사는 평화의 계곡(the valley of peace), 그리고 결투가 벌어지는 외나무다리 등으로 구성된다. 주요 공간구성은 허구이지 않고, 세계적으로 널리 알려진 유적지를 컴퓨터그래픽으로 재현했다. 높은 산으로 둘러싸인 평화의 계곡은 중국의 황산(黃山)을 모티브로 재현했다. 황산은 유네스코 세계유산으로써 구름 위로 드러나는 기암절벽과 장엄한 풍경이 매스미디어를 통해 세계적으로 널리 알려진 명소이다. 또한, 5인의 전사와 타이렁이 싸울 때 배경이 되는 수많은 바위 봉우리는 중국의 석림(石林)을 그대로 묘사했다. 석림은 기암괴석과 높은 봉우리, 돌기둥이 돌출되어 있는 카르스트 지형(Karst topography)[11]으로써 빼어난 자연환경으로 유명한 곳이다. 극의 주요 이야기가 전개되는 제이드궁의 외관은 중국 산시성 내에 있는 평요고성과 매우 유사하다. 2,700년의 역사를 간직한 평요고성은 중국 고대도시의 모습이 잘 보존된 곳으로, 1997년 유네스코 세계문화유산으로

---

11 석회암 지역에서 잘 나타나는 것으로, 화학적으로 용해하여 침식되어 나타나는 지형을 통틀어 이른다.

도 등재된 중국의 전통적인 고성이다. 또한, 제이드궁 내부는 베이징에 있는 자금성(紫禁城)의 태화전을 모사했다. 자금성은 1420년 명나라 황제 영락제가 수도를 남경에서 북경으로 천도하면서 건설한 황궁이다. 오랜 기간 수도의 기능을 해온 중국의 심장부 같은 곳으로, 매년 수많은 관광객이 찾는 곳이다. 이와 같이 중국의 오랜 역사가 담긴 고대건축과 세계적으로 유명한 중국의 자연을 컴퓨터 애니메이션을 통해 사실적이면서도 동화적으로 재구성하며, 중국 고대 문화의 감성을 드러내고 있다.

<쿵푸 판다>의 문화적 의의

〈쿵푸 판다〉는 국숫집 아들인 판다 포가 무림의 고수로 거듭난다는 코믹액션 장르로, 중국과 서구, 그리고 전 세계 관객에게 깊은 인상을 심어준 영화다. 중국의 문화적 요소와 할리우드의 연출기법이 어우러지며, 중국적이면서도 세계인의 감성에 다가가는 애니메이션 영화로 탄생했다. 1998년 디즈니에서 제작한 〈뮬란〉에 비해 쿵푸와 판다를 소재로 하여 더 극적인 장면연출과 오락성을 더하며 세계 흥행에 성공했다. 〈쿵푸 판다〉에 등장하는 중국적 요소를 보면, 쿵푸, 판다, 황산, 석림, 태화전, 평요고성뿐 아니라 아시아의 전통사상인 도가와 불교가 전체 서사에 내재되어 있다. 캐릭터 및 배경뿐 아니라 심오한 사상이 스토리 전개에 바탕을 두며 중국의 정신세계가 표현되었다. 하지만 잭 블랙을 비롯한 서구권 배우들의 음성 연기와 할리우드식의 코믹한 연기, 그리고 컴퓨터그래픽을 이용한 애니메이션 제작은 서구적 요소라 볼 수 있다. 중국의 전통문화와 서구의 할리우드 제작이 혼성화된 〈쿵푸 판다〉는 세계인의 오락 감성에 부합하는 세계적인 영화가 되었다.

〈쿵푸 판다〉를 통해 관객은 중국의 전통 문화와 자연환경에 대한 간접 체험을 하게 되고, 중국의 오랜 역사와 문화에 대한 관심으로 이어지게 된다. 또한, 중국에서 신성시되는 판다의 이미지는 〈쿵푸 판다〉를 통해 더욱 친근한 이미지로 세계인에게 다가서게 되고, 이는 중국의 문화적 이미지에 일조하게 된다. 한 나라의 문화원형에 대한 재창조와 상품화는 그 나라가 소유한 것이 아니며, 먼저 발굴하고 대중적 콘텐츠로 개발함으로써 문화산업의 우위를 점할 수 있다. 이 영화를 통해 중국은 그들의 전통문화에 대한 무궁무진한 문화산업적 활용 가치에 대해 다시 한 번 인식하는 계기가 되었을 것이다.

03

뮤지컬 애니메이션

- 〈겨울왕국〉의 세계적 흥행
- 최초 유성영화에서 뮤지컬 애니메이션으로
- 여성 주체 캐릭터
- 뮤지컬 배우로 탄생한 캐릭터
- 〈겨울왕국〉의 뮤지컬 구성
- 〈겨울왕국〉의 자연 배경
- VFX를 이용한 눈 효과
- 〈겨울왕국〉의 혼성적 장면연출

〈겨울왕국〉의 세계적 흥행

디지털 시대에는 각각의 매체와 장르가 지켜온 고유한 영역의 경계가 갈수록 모호해지고, 다른 매체와의 융합현상이 가속화 되고 있다.[1] 애니메이션과 뮤지컬의 혼합은 영화의 역사가 시작된 이래 꾸준히 지속되고 있다. 최근에는 환상적인 컴퓨터그래픽 효과와 어우러지면서 영상 연출의 발전과 대중적 인기가 더해지고 있다. 우리에게 널리 알려진 〈Under the Sea〉, 〈Circle of Life〉, 〈A Whole New World〉는 디즈니에서 제작한 뮤지컬 애니메이션 〈인어공주〉, 〈라이언 킹〉, 〈알라딘〉의 OST다. 세계적으로 히트한 수많은 명곡이 뮤지컬 애니메이션에서 나온 것이다. 뮤지컬 애니메이션은 노래뿐 아니라 현대 트렌드에 맞게 디자인된 캐릭터, 환상적인 시각 특수효과, 탄탄한 구성의 영상 서사를 통해 대중오락적 가치를 더하고 있다. 특히, 2013년 제작된 디즈니 〈겨울왕국(Frozen)〉(2013)의 주제곡 〈Let it go〉는 전 세계의 흥행을 유도하며 아카데미 주제가상을 수상하였다. 〈겨울왕국〉은 당시 전미 박스오피스 1위로서 역대 애니메이션 중 최고의 흥행을 기록했다. 〈가디언〉지의 린스

---

1 허만욱, 〈디지털시대 영화산업에서의 서사 매체의 변용과 방향〉, 《어문론집》 59(9), 2014.

키(Lynskey)는 "〈겨울왕국〉은 세계적 대중문화의 트렌드를 주도할 만큼 역작이며, 디즈니 최고의 영화"라고 언급하였다. 〈겨울왕국〉은 뮤지컬 요소가 차용된 애니메이션으로, 1845년 덴마크 작가 한스 크리스티안 안데르센(Hans Christian Andersen)이 발표한 창작동화 《눈의 여왕》을 전체 내러티브로 하여 각색하였다. 〈겨울왕국〉은 크리스 벅(Chris Buck)과 제니퍼 미셸 리(Jennifer Michelle Lee)가 감독했으며, 골든글로브 애니메이션상, 아카데미 장편 애니메이션상을 수상했다. 원작 《눈의 여왕》이 선악의 대립구도에 기반한다면, 〈겨울왕국〉은 자매의 사랑과 화해, 엘사가 두려움과 내면의 갈등을 극복하는 과정, 그리고 안나의 헌신과 희생이 주 서사로 구성되었다.

최초 유성영화에서 뮤지컬 애니메이션으로

뮤지컬(musical theater 또는 stage musical)은 희극과 춤, 노래, 연기가 합쳐진 종합예술 공연으로 19세기 말 런던에서 극장주의 형태로 시작하였다. 그 역사적 배경에는 1840년대 벌레스크(Burlesque)와 1880년대 초 보드빌(Vaudeville)에 기원한다. 뮤지컬은 유럽의 대중 연극과 오페라, 경가극(오페레타, Operetta)의 영향을 받으며 발전했다. 코믹하고 밝은 노래와 춤 그리고 화려한 의상과 무대디자인을 갖춘 뮤지컬 공연은 1927년 오스카 해머스타인 2세(Oscar Greeley Clendenning Hammerstein II)와 제롬 컨(Jerome Kern)이 연출한 〈쇼보트(Showboat)〉(1927)를 기점으로 현대적 스타일의 뮤지컬로 발전한다. 뮤지컬은 20세기 들어와 대중문화의 성장과 더불어 미국의 브로드웨이를 중심으로 확산되면서 세계 대중오락문화로 성장한다. 대중오락성과 상업성이 뛰어난 뮤지컬은 유성영화의 출현과 더불어 뮤지컬 형식의 영화제작으로 이어진다. 1927년 최초의 유성영화 〈재즈 싱어(Jazz Singer)〉(1927)가 제작되었으며, 이는 영화사에서 뤼미에르 형제가 발명한 '시네마토그래프'라는 영사기 이후 최대의 변곡점이었다. 이는 당시 무성영화만 접하던 관객에게 매우 파격적인 변화였으며, 사회적으로 큰 화제였을 것이다. 음향 시스템이라는 기술 개발이 〈재즈 싱어〉라는 유성영화 제작을 가능하게 했으며, 이러한 유성영화의 태동을 기점으로 미국 전역의 극장에서 스피커 시스템을 설치하게 되는 새로운 전기를 맞게 된다.

〈재즈 싱어〉는 주인공 알 졸슨(Al Jolson)이 부른 주제곡 〈마미(Mammy)〉 등 총 6곡의 노래를 삽입한다. 노래와 일부 대사를 제외하면 오케스트라의 연주와 자막 등 일반 무성영화와 크게 다르지 않았다. 하지만 〈재즈 싱어〉가 성공적으로 사운드를 재생하고, 관객의 열광적인 반응에 힘입어 유성영화의 시대가 열리기 시작한 것이다. 이러한 유성영화의 출현은 곧바로 뮤지컬 형식의 영화로 이어진다. 그 첫 영화가 1929년 MGM(Metro Goldwyn Mayer)에서 제작한 〈브로드웨이 멜로디(Broadway Melody)〉이다. 영화 홍보에서도 최초의 뮤지컬영화임을 강조 하는데 "말한다! 노래한다! 춤춘다!(All talking, all singing, all dancing)"라는 광고카피와 함께, 제작에 400만 달러를 투자하여 대성공을 거둔다. 발전하는 영화기술과 뮤지컬이 접목되어 뮤지컬영화가 탄생했으며, 첫 작품인 〈브로드웨이 멜로디〉가 대중의 호평뿐 아니라 아카데미 작품상을 수상하며 새로운 대중예술 장르로 자리 잡게 된다. 해리 보몬트(Harry Beaumont) 감독의 〈브로드웨이 멜로디〉는 당시 최신기술을 사용하여 영화 일부는 컬러로 제작되었으며, 또한, 유성영화와 무성영화의 두 가지 버전으로 제작되었다. 1929년 이후 무성영화에서 유성영화로 넘어가는 과도기인 약 5년간 대부분 영화가 유성과 무성의 두 가지로 제작되었기 때문이다.

1938년 MGM의 빅터 론조 플레밍(Victor Lonzo Fleming)이 감독을 맡고, 주디 갈런드(Judy Garland)가 출연한 뮤지컬영화 〈오즈의 마법사(The Wizard of Oz)〉(1938)가 제작된다. 〈오즈의 마법사〉는 미국의 뮤지컬을 황금기로 이끈 유명한 작품으로써 프랭크 바움의 동화《위대한 오즈의 마법사(The Wonderful Wizard of Oz)》를 각색하여 제작되었다. 주제가 〈Somewhere Over the Rainbow〉는 시적이면서도 아름다운 선율로 아카데미 최우수 음악상과 주제가상을 수상했다. 토니 베넷(Tony Bennett) 등 수많은 유명 가수들이 리바이벌로 불렀으며, 현재까지도 그 인기가 이어지는 명곡으로 사랑받고 있다.

초창기 뮤지컬영화의 역사와 더불어 애니메이션도 뮤지컬의 영향을 받게 된다. 1908년 최초의 애니메이션 〈판타스마고리((Phantasmagorie)〉가 제작된 이후 1928년 음향이 삽입된 최초의 유성(토키 : talkie) 애니메이션 〈증기선 윌리(Steamboat Wille)〉(1928)가 제작된다. 1928년 11월 18일 뉴욕의 콜로니극장에서 올리브 보든(Olive Borden)과 잭 픽포드(Jack Pickford) 주연의 〈갱단의 전쟁(Gang War)〉(1928) 영화가 상영되던 중 막간에 상영된 것이 〈증기선 윌리〉다. 월트 디즈니와 어브 아이웍스(Ub lwerks) 감독의 〈증기선 윌리〉는 최초의 유성영화 〈재즈 싱어〉 탄생 1년 후 제작된 최초의 유성 애니메이션이다. 〈버라이어티〉지는 "이 작품은 처음부터 끝까지 싱크를 맞춘 보석 같은 영화다. 이 애니메이션은 영상과 음향을 완벽하게 일치시키는 눈부신 작업을 했다. (중략) 견딜 수 없이 지루한 수많은 애니메이션 가운데 단연 돋보이는 이 작품에 경의를 표하지 않을 수 없다. 모든 가족이 보아도 좋은 영화로 강력히 추천한다"라고 호평했다. 또한, 〈위클리 필름 리뷰〉 기자는 "이 영화는 처음 시작에서부터 마지막 관객의 환호에 이르기까지 웃음과 환희를 선사한다"라고 호평했다.[2] 〈증기선 윌리〉는 낡은 범선에서 덩치 큰 고양이 선장 피트가 반바지를 입은 생쥐

2 베르나르 제넹, 윤학로 역,《애니메이션》, 이화여자대학교출판부, 2007.

미키 마우스(Mickey Mouse)를 괴롭히는 이야기다. 미키 마우스의 신나는 휘파람 소리와 감탄사 등 단순한 사운드를 삽입했지만, 이러한 효과음은 캐릭터의 감정과 과장된 동작을 적절히 보조했다. 이에 대한 관객의 반응은 신문을 통해 대서특필되었으며, 유성 애니메이션 〈증기선 윌리〉의 성공이 널리 알려지게 된다. 이후, 미키 마우스의 목소리가 나온 첫 영화는 1929년 월트 디즈니와 어브 아이웍스가 감독한 〈카니발 키드(The Karnival Kid)〉(1929)이다. 첫 대사는 “핫도그, 핫도그(Hot dogs, Hot dogs!)”였다. 프랑크 카프라(Frank Capra)는 디즈니 애니메이션의 사운드 효과에 대해 다음과 같이 언급한다. “활기차고 민첩하며 목소리가 날카로운 생쥐가 발과 코, 심지어 꼬리를 이용하여 피아노 건반을 두드리며 피아노 독주를 흉내 낸다. 영상과 음향은 완벽하게 일치한다. 디즈니의 요술을 가능하게 해준 것은 바로 음향이었다.” 애니메이션은 음향 효과를 통해 캐릭터의 생명력을 강화했고, 다양한 배경음악을 넣어 서사의 흐름을 효과적으로 연출하게 된다.

〈증기선 윌리〉는 ‘미키 마우스’라는 스타 캐릭터의 출현을 알리는 계기가 된다. 애니메이션 초창기 대중적으로 큰 인기를 얻은 첫 캐릭터는 1919년 파라마운트사의 팻 설리번(Pat Sullivan)과 오토 메스머(Otto Messmer)가 제작한 검은 고양이 펠릭스(Felix)이다. 당시 흑백 무성영화 시기에 의인화된 고양이 펠릭스는 노래를 부르고 말썽을 피우는 등 독자적인 개성을 갖춘 첫 캐릭터로 등장한다. 많은 사람이 현실에서 존재하지 않는 만화 속 펠릭스를 좋아하고 열광하는 상황이 벌어진 것이다. 1924년 미국의 한 광고주는 펠릭스에 대해 다음과 같이 언급한다. “정말 놀랍습니다. 현재 영국 전역에서 가장 주목받는 대중적인 캐릭터는 펠릭스입니다. 내 인생에서 펠릭스만큼 명성과 권위를 누리는 영화 캐릭터를 본 적이 없습니다. 솔직하게 말해 펠릭스와 비교해보면 우리의 인기 배우들은 거의 무명이나 다름없습니다." 펠릭스는 당시 찰리 채플린 같은 유명한 할리우드 배우에 버금갈 정도로 큰 인기와 사랑을 받는다. 이는 만화 캐릭터의 대중성과 상업성의 가능성을 여는 시초가 된다. 이러한 고양이 캐릭터 펠릭스의 성공 이후 등장한 것이 미키 마우스이며, 월트 디즈니의 성공을 이끄는 세계적인 스타 캐릭터로 발돋움하게 된다. 1929년 영화관에서 창립한 미키 마우스 클럽(The Mickey Mouse Club)은 1932년 100만 명이 넘는 어린이가 가입했으며, 1933년 미키 마우스한테 배달된 팬레터는 80만 통이 넘을 정도로 사회적 신드롬을 불러일으켰다.

월트 디즈니는 1932년 〈미키의 고아들(Mickey's Orphans)〉(1931) 이라는 작품으로 아카데미 시상식에 처음 노미네이트되었고, 미키 마우스를 만든 공로를 인정받아 아카데미 명예상을 수상한다. 월트 디즈니는 미키 마우스의 브랜드가치를 인식하고 다양한 캐릭터 상품을 개발했으며, 저작권을 통해 수입을 확대한다. 1934년 〈밴드 콘서트(Band Concert)〉를 통해 컬러 미키 마우스가 최초로 등장한다. 1938년 〈뉴욕 이브닝 포스트〉 기자 제이 프랭클린(Jay Franklin)은 다음과 같은 기사를 썼다. "찰리 채플린이 구현한 감동적인 인물이 사회적 격동기였던 지난 20년의 상징이었다면, 월트 디즈니의 애니메이션은 앞으로 다가올 20년 동안 우리가 나아갈 주요한 방향을 제시해줄 것이다."[3] '미키 마우스'라는 캐릭터의 등장에 따른 당시 사회와 대중의 반응을 엿볼 수 있는 대목이다. 이후 디즈니는 1930년 미키 마우스의 애완견 캐릭터인 플루토(Pluto), 1935년 개를 모티브로 한 구피(Goofy), 1936년 오리를 의인화한 도널드 덕(Donald Duck) 등

---

3 베르나르 제넹, 앞의 책.

의 스타 캐릭터를 꾸준히 탄생시키며 1930년대 미국 애니메이션의 황금기를 주도한다.

뮤지컬 요소가 애니메이션에 본격적으로 적용된 것은 1937년 세계 최초의 극장용 장편 애니메이션인 〈백설공주와 일곱 난쟁이(Snow White and the Seven Dwarfs)〉(1937)이다. 디즈니 애니메이션에서 〈백설공주와 일곱 난쟁이〉의 역사적 가치는 '뮤지컬 애니메이션'이라는 새로운 양식의 완성에 있다.[4] 디즈니 애니메이션은 뮤지컬의 춤과 노래를 혼합하여 오락적인 요소는 물론 유토피아를 제공함으로써 작품의 판타지를 극대화한다.[5] 제작진은 극 중 캐릭터가 노래로 상황을 전달하는 뮤지컬 스타일을 위해 무려 25곡의 노래를 준비했다. 백설공주가 부르는 〈I'm Wishing〉과 〈With a Smile and a Song〉, 그리고 일곱 난쟁이가 단체로 부르는 〈Bluddle-Uddle-Um-Dum〉, 〈The Dwarfs' Yodel Song〉 등은 아름다운 노랫 소리를 통해 영상 서사의 기능을 강화하는 역할을 한다. 〈백설공주와 일곱 난쟁이〉는 3년의 제작 기간을 통해 완성되었으며, 당시 모던카툰 스타일의 애니메이션과 달리 완성도 높은 사실적인 묘사로 인해 많은 비평가와 관객의 찬사를 받았다. 1939년 2월에는 아카데미 특별상을 수상했는데, 상에는 이러한 문구가 적혀 있다. "수백만 명의 관객을 매료시키고, 영화사에 커다란 획을 그었으며, 애니메이션에 새로운 길을 열어준 〈백설공주와 일곱 난쟁이〉를 만든 월트 디즈니에게 이 상을 드립니다."〈백설공주와 일곱 난쟁이〉는 애니메이션 역사에 길이 남을 명작으로

---

4 문현선, 〈재팬 애니컬(Japan Anical)의 스토리텔링 전략: 도에이 50주년 기념 뮤지컬 〈백사전(白蛇傳(WhiteLovers))〉을 중심으로〉, 한국만화애니메이션학회 학술대회자료집, 2009.

5 박세영, 〈라캉의 실재계(The Real)개념으로 본 뮤지컬 애니메이션 연구〉, 《한국애니메이션학회 학술대회지》 5, 2014.

아름다운 뮤지컬 노래, 화려한 컬러, 살아있는 듯한 캐릭터의 움직임 등 제작과정에서 여타 작품에 비해 매우 높은 작품성을 선보였다.

사운드의 시작과 유성영화의 출현은 곧바로 영화에 뮤지컬 요소가 도입되는 계기가 되었다. 또한 애니메이션의 사운드 도입은 뮤지컬 애니메이션으로 이어짐을 알 수 있다. 디즈니 애니메이션은 초창기 역사부터 뮤지컬의 대중성을 알고 있었고, 이를 기반으로 애니메이션 캐릭터에 노래와 춤 연기를 도입한 것이다. 이후 초기 뮤지컬 애니메이션으로 〈피노키오(Pinocchio)〉(1940), 〈판타지아(Fantasia)〉(1940), 〈아기 코끼리 덤보(Dumbo)〉(1941) 등이 제작된다.

월트 디즈니의 두 번째 극장판 애니메이션 〈피노키오〉는 1883년 출판된 《피노키오의 모험》을 각색했으며, 벤 샤프스틴(Ben Sharpsteen)이 감독했다. 클리프 에드워즈(Cliff Edwards)와 디즈니 스튜디오 코러스(Disney studio chorus)는 〈피노키오〉 수록곡인 〈When You Wish upon a Star〉, 〈Little Wooden Head〉, 〈Give a Little Whistle〉 등의 명곡을 제작했으며, 아카데미에서 최우수 음악상과 최우수 주제가상을 석권했다. 특히, 최우수 주제가상을 수상한 〈When You Wish upon a Star〉는 지미니 크리켓 역의 클리프 에드워즈'(Cliff Edwards)가 불렀으며, 월트 디즈니를 상징하는 노래로 현재까지 많은 사랑을 받고 있다.

1940년 제작된 〈판타지아〉는 스토리 중심의 애니메이션이 아닌 뮤지컬 중심의 작품으로 디즈니로서는 색다른 시도였다. 〈판타지아〉는 클래식 공연처럼 7개 장의 뮤지컬로 구성되었고, 레오폴드 스토코프스키(Leopold Stokowski)가 지휘하는 필라델피아 오케스트라가 연주했다. 극 중 폴 뒤카(Paul Dukas)의 〈마법사의 제자〉라는 음악에 맞추어 미키 마우스가 빗자루에게 쫓기다가 물통에 빠진 장면은 매우 유명한 장면으로 남아 있다. 또한, 폰키엘리(Ponchielli)의 〈시간의 춤〉 음악에 맞추어 코끼리와 하마가 춤추는 장면은 매우 코믹하게 연출되었다.[6] 바흐(Bach)의 〈토카타와 푸가 D단조(Toccata and Fugue in D Minor, BWV565)〉가 나오는 시퀀스는 스토리 없이 음악에 어울리는 애니메이션 영상이 비구상으로 제작되었다. 이 장면은 오케스트라 음악을 중심으로 뮤직 애니메이션 형식으로 제작되었다.

벤 샤프스틴 감독은 동명의 소설을 원작으로 〈아기 코끼리 덤보〉를 제작한다. 〈아기 코끼리 덤보〉는 당시 제2차 세계대전으로 인해 유럽에 영화를 배급할 수 없을 정도로 재정 상태가 좋지 않아 저예산으로 제작되었다. 〈아기 코끼리 덤보〉는 서커스단의 귀가 큰 아기 코끼리를 소재로 했는데, 〈Look out for Mr. Stork〉, 〈Casey Junior〉, 〈Song of the Roustabouts〉 등 많은 뮤지컬 음악을 OST로 삽입했다. 제2회 칸영화제 그랑프리, 제14회 아카데미 음악상을 수상했다.

1950년 제작된 〈신데렐라(Cinderella)〉는 알 호프만(Al Hoffman), 맥 데이비드(McDavid), 제리 리빙스턴(Jerry Livingston)이 애니메이션에 삽입된 노래를 작사 및 작곡하였다. 메인 타이틀 노래인 〈Cinderella〉, 〈A Dream Is a Wish Your Heart Makes〉 등 총 11개의 사운드트랙이 삽입되었다. 소망이 실현되는 희망의 주문을 담은 〈Bibbidi-Bobbidi-Boo〉라는 주제가가 히트를 치면서 사운드트랙으로 제작된 레코드 판매가 엄청난 흥행을 기록하게 된다. 뮤지컬 요소를 도입한 애니메이션 영화의 추세는 대중성 및 상업성 그리고 오락적 트렌드가 맞물리며 음악적 요소가 더욱 강화되었다.

디즈니 애니메이션은 월트 디즈니(1901~1966) 사후 한동안 침체했다

---

6 베르나르 제냉, 앞의 책.

가 1989년 제작된 〈인어공주(The Little Mermaid)〉(1989)를 통해 대중적 관심을 불러일으키며 새로이 부활한다. 뮤지컬 스타일의 애니메이션으로 제작된 〈인어공주〉의 뒤를 이어 〈미녀와 야수(Beauty and the Beast)〉(1991), 〈알라딘(Aladin)〉(1992), 〈라이온 킹(Lion King)〉(1994) 등이 큰 성공을 거두면서 디즈니의 르네상스를 맞게 된다. 존 머스커(John Musker)와 론 클레멘츠(Ron Clements)가 공동 감독한 〈인어공주〉는 한스 크리스티안 안데르센의 동화 《인어공주》를 원작으로 한 디즈니의 28번째 장편 애니메이션 영화다. 원래 비극적 결말인 《인어공주》를 뮤지컬 노래를 통해 즐겁고 밝은 분위기로 연출했으며, 스토리도 해피엔딩으로 각색했다. 알란 멘켄(Alan Menken)이 작곡하고, 하워드 애시먼(Howard Ashman)이 작사한 〈인어공주〉의 OST 〈Under the Sea〉는 밝고 경쾌한 리듬으로 바다 세계를 찬양하는 노래다. 〈인어공주〉는 1990년 제62회 아카데미 시상식에서 음악상과 주제가상을 수상했으며, 미국에서만 8,400만 달러의 수익을 거두었다. 무엇보다 〈Under the Sea〉는 디즈니 최고의 OST 중 하나로 디즈니 애니메이션 제작에 새로운 활력을 불어넣으며 뮤지컬 애니메이션의 맥을 이었다는 평가를 받는 노래이다.

게리 트러스데일(Gary Trousdale)과 커크 와이즈(Kirk Wise)가 감독한 〈미녀와 야수〉는 마법에 걸려 야수가 된 왕자와 아름다운 소녀 벨이 사랑에 빠진다는 이야기다. 〈미녀와 야수〉는 유럽에서 전래되어온 동화로 프랑스의 장마리 르프랭스 드 보몽(Jeanne-Marie Leprince de Beaumont) 부인이 이야기를 요약하여 1756년 잡지 〈Magasin des enfants, ou dialogues entre une sage gouvernante et plusieurs de ses élèves〉에 출판한 것을 기원으로 보고 있다.[7] 〈미녀와 야수〉의 사운드트랙 중 〈Belle〉, 〈Be Our Guest〉가 아카데미 주제가상 후보로 지명되었다. 셀린 디온(Céline Dion)과 피보 브라이슨(Peabo Bryson)이 부른 〈Beauty and the Beast〉는 아카데미 주제가상을 받았다. 화려한 영상과 뮤지컬 음악으로 관객을 사로잡은 〈미녀와 야수〉는 애니메이션으로는 최초로 제64회 아카데미 작품상과 골든글로브(Golden Globe Awards) 뮤지컬코미디 부문 작품상을 받았다. 미국에서만 1억 4천달러의 수익을 넘어서며, 〈인어공주〉에 이어 전 세계적인 히트를 기록한다.

월트 디즈니의 31번째 장편 애니메이션 〈알라딘〉은 존 머스커와 론 클레멘츠가 공동으로 감독했으며, 《천일야화》 중 〈알라딘과 이상한 램프〉 이야기를 원작으로 제작했다. 알라딘과 자스민 공주가 구름을 타고 도시의 밤하늘을 날며 부르는 〈A Whole New World〉와 알라딘이 빵을 훔치고 집으로 돌아오면서 부른 〈One Jump Ahead(Reprise)/ Friend Like Me〉는 뮤지컬의 멜로디와 함께 환상적인 영상으로 구성된다. 로저 알러스(Roger Allers)와 롭 민코프(Rob Minkoff)가 감독한 〈라이온 킹〉은 아기 사자 심바가 갖은 역경을 딛고 초원의 왕으로 거듭나는 고전적인 영웅 스토리를 다루고 있다. 셰익스피어의 《햄릿》을 모티브로 제작된 〈라이온 킹〉은 주인공 심바와 야심에 찬 삼촌 스카의 갈등으로 이야기가 전개된다. 스토리의 높은 완성도와 광활한 아프리카 초원을 배경으로 한 스펙터클한 광경, 그리고 이와 어울리는 웅장한 뮤지컬 형식의 음악은 기존의 뮤지컬 애니메이션의 흥행을 넘어서는 대성공을 기록한다. 특히, 뮤지컬의 노래가 극의 영상과 잘 조화를 이루며, 제67회 아카데미 시상식과 제

7 Jeanne-Marie Leprince de Beaumont, Beauty and the Beast, 1991.

52회 골든글로브 시상식에서 음악상 및 주제가상을 받게 된다.

디즈니사는 뮤지컬 애니메이션 〈인어공주〉, 〈미녀와 야수〉, 〈알라딘〉, 〈라이온 킹〉의 큰 흥행을 바탕으로 브로드웨이 뮤지컬 진출을 시도한다. 이는 애니메이션 영화를 원작으로 한 뮤지컬 제작을 직접 시도한 것이다. 이에 대해 당시 뮤지컬 공연 관계자들은 디즈니의 뮤지컬 진출을 부정적으로 평가했다. '월트 디즈니'라는 거대 기업이 브로드웨이에 진출하는 데 대한 우려와 함께 애니메이션 영화가 뮤지컬로 제작된다는 데 대한 폄하하는 시선이 있었기 때문이다. 그 첫 시도가 〈미녀와 야수〉를 뮤지컬로 제작하는 것이었다. 애니메이션 〈미녀와 야수〉에서 사용된 노래 8곡을 그대로 사용했으며, 알렌 멘켄은 팀 라이스와 6곡을 추가로 제작한다. 애니메이션에서 그려진 배경과 다양한 소품을 실제로 제작했으며, 극 중 콘셉트에 따라 로코코 양식의 고풍적인 의상과 배경을 사실적이면서도 동화적으로 재현한다. 1994년 디즈니 시어트리컬 그룹(Disney Theatrical Group)이 제작한 〈미녀와 야수〉(1991)는 브로드웨이 팔레스 극장에서 실제 배우들의 뮤지컬로 개막했으며, 13년간 장기공연 될 정도로 큰 인기를 얻게 된다. 애니메이션을 브로드웨이 뮤지컬로 제작하는 데 다소 기우가 있었지만, 공연 개막 직후 관객의 반응은 폭발적이었다. 특히, 애니메이션에서 뮤지컬로 개작된 탓에 〈미녀와 야수〉의 관객층은 성인층에 제한된 것이 아니라 가족 관람객으로 확대되는 성향을 보였다.

월트 디즈니사가 〈미녀와 야수〉로 브로드웨이에 성공적으로 진출함에 따라 뮤지컬 애니메이션 〈라이온 킹〉도 극장 공연 뮤지컬로 제작되어 대성공을 거두었으며, 〈인어공주〉, 〈타잔〉도 뮤지컬로 제작되어 연이은 흥행을 기록했다. 〈라이언 킹〉은 실제 뮤지컬 공연에서 230가지가 넘는 마스크와 의상을 제작했으며, 배우들의 섬세한 분장과 다양한 볼거리를 제공하며 더욱 화려하게 공연되었다.[8] 애니메이션에서 뮤지컬로 제작된 첫 작품인 〈미녀와 야수〉가 브로드웨이 관계자들에게 저평가당하며 미국 브로드웨이의 연극상인 토니상(Tony Awards)의 의상 부문에만 수여된 데 반해, 〈라이언 킹〉은 토니상의 작품상, 연출상, 의상상, 안무상, 무대상, 조명상 등 여러 부문에서 수상하게 되며 뮤지컬로써의 예술적 가치를 인정받게 된다. 이처럼 디즈니 애니메이션의 브로드웨이 진출은 관람객으로부터 긍정적인 반응과 함께 새로운 영역을 개척하게 된 것이다.

19901년대에 〈포카혼타스(Pocahontas)〉(1995), 〈노틀담의 꼽추(The Hunchback of Notre Dame)〉(1996), 〈헤라클레스(Hercules)〉(1997), 〈뮬란(Mulan)〉(1998), 〈타잔(Tarzan)〉(1999) 등 뮤지컬 스타일의 애니메이션이 꾸준히 제작되었다. 마이크 가브리엘(Mike Gabriel), 에릭 골드버그(Eric Goldberg) 감독의 〈포카혼타스〉는 실화를 바탕으로 인디언 처녀 포카혼타스와 영국인 선장 스미스와의 이루어지지 못한 사랑 이야기를 다루고 있다. 이 영화는 디즈니의 남성 중심주의와 백인 우월주의에 대한 비판이 제기되기도 했으며, 애니메이션에서 묘사된 인디언의 모습과 풍속에 대한 고증이 문제되기도 했었다. 〈포카혼타스〉의 뮤지컬 OST 중 〈Colors of the Wind〉는 포카혼타스가 스미스에게 불러주는 노래로, "진정한 삶이란 자연과 함께 화합하며 사는 것"이라는 철학적 메시지를 담고 있다.

〈노틀담의 꼽추〉는 디즈니사의 34번째 장편 애니메이션 영화로 게리 트러스데일(Gary Trousdale)과 커크 와이즈(Kirk Wise)가 감독했다. 프랑스 작가 빅토르 위고가 1831년 발표한 장편소설 《노트르담 드 파리(Notre-Dame de Paris)》를 원작으로 제작되었다. 극 중에 흘러나오는 첫 음악은 〈The

---

8 http://weekly.khan.co.kr

Bells of Notre Dame〉으로 바깥세상에 대한 주인공 콰지모드의 호기심을 표현한다. 동료로부터 바보축제 기간에 밖에 나갈 수 있다는 이야기를 듣는 장면에서는 〈Out There〉가 연주된다. 이후, 바보축제 현장에서 콰지모도가 바보왕으로 선정될 때는 배경음악으로 〈Topsy Turvy〉가 나온다. 알란 멘켄이 작곡하고, 스티븐 로렌스 슈왈츠(Stephen Lawrence Schwartz)가 작사한 다양한 배경음악은 작품 공개 이후 "정통 브로드웨이 뮤지컬 특성과 헨델의 종교 음악 〈메시아〉 곡조를 혼합한 웅장하고 압도적인 선율을 들려준다. 한 치도 방심할 수 없는 개성적인 리듬을 선사한다. 뮤지컬 애니메이션 중 가장 뛰어난 예술적 완성도를 들려주고 있다"라는 극찬을 받게 된다.[9] 〈헤라클레스〉는 클레먼츠와 존 머스커가 감독을 맡았다. 그리스 고대 신화 속 제우스와 헤라의 아들인 헤라클레스의 모험 이야기를 각색하여 애니메이션으로 제작됐으며, 아카데미 주제가상으로 노미네이트된 〈Go the Distance〉 등의 사운드트랙이 인기를 끌었다.

9 http://m.dailywrn.com

여성 주체 캐릭터

〈겨울왕국〉의 흥행 요인 중 하나는 주체적이면서 강렬한 '엘사'와 '안나'라는 여성 캐릭터에 있으며, 두터운 팬층을 확보하고 있다. 엘사와 안나는 유연하면서 강하고 카리스마 있는 여성 캐릭터로서 기존 디즈니의 여성상과 다른 개성을 보여주고 있다. 디즈니 애니메이션 속 전통적인 여성상은 수동적이고, 남성에게 의존적인 여성들로 묘사된다. 주로 아름다운 외모에 연약하며 남성에게 선택되어 운명이 결정되고 행복한 결말을 맞는다는 내용으로 구성된다.[10] 이러한 여성은 공주역이 많은데, 〈백설공주와 일곱 난쟁이〉, 〈신데렐라〉, 〈잠자는 숲속의 공주〉, 〈인어공주〉, 〈미녀와 야수〉 등을 들 수 있다.[11] 반면, 〈포카혼타스〉, 〈뮬란〉, 〈겨울왕국〉 등 기존의 남녀 구분과 남성우월주의에서 벗어나 여성 스스로 운명을 개척하는 능동적인 캐릭터나 사건 해결을 주도하는 여성 영웅 캐릭터가 등장하고 있다.

〈뮬란〉을 예로 들어보자. 〈뮬란〉은 중국의 고전시 〈목란화〉에 영감

10 류다영, 〈디즈니 애니메이션 여성 캐릭터의 수행적 젠더 정체성 연구〉, 《한국산학기술학회 논문지》 20(12), 2019.

11 류다영, 위의 논문.

을 받아 제작된 영화다. 1,500년 전 중국은 흉노족의 침입을 받게 되고, 황제는 모든 집에서 한 명의 장정을 징발하라는 명령을 내린다. 주인공 뮬란이 나이 든 아버지를 대신해 전쟁에 참여하여 큰 공을 세워 집으로 돌아오게 된다. 여기서 보이는 뮬란의 자아 정체성은 유교 중심의 가부장적인 사회 속에서 수동적이고 순종적인 여성상과 자아에 내재된 자유로운 의지와 독립심, 주체적 여성상이 대립한다. 부모의 성화에 못 이겨 중매 자리에 갈 때 뮬란은 얼굴에 하얀 분을 바르고 루비와 같이 빨간 입술로 화장한다. 이러한 모습은 창백한 하얀 피부와 체리 같은 빨간 입술로 묘사된 백설공주와 매우 유사하다.[12] 물론 많은 고전적인 디즈니 공주는 이러한 모습으로 묘사된다. 하지만 뮬란이 말을 타고 머리를 휘날리며 적진을 향해 달려갈 때의 모습은 사회의 계율과 행동 규범을 넘어서 스스로 주체적인 여성으로서의 매력이 발산된다. 이러한 모습은 〈메리다의 마법의 숲(Brave)〉(2012)의 여주인공 메리다가 말을 타고 거침없이 활을 쏘는 장면과 오버랩된다. 메리다 또한 부모가 바라는 정숙한 공주가 되기보다는 자신의 의지와 열정을 활쏘기를 통해 분출하는 자유로운 여성 캐릭터로 묘사되었기 때문이다. 〈겨울왕국〉에 등장하는 엘사와 안나는 여성 주체 캐릭터다. 과거 디즈니 애니메이션에 등장하는 공주들이 백마 탄 왕자의 사랑을 받기 위해 기다리거나 왕자에 의해 운명이 결정되는 캐릭터가 아니다. 스스로 삶을 개척하고 자신의 의지대로 행동하는 여성들이기 때문이다.[13] 특히, 엘사와 안나는 성장과정에서 고난과 어려움을 극복하며, 그 과정을 통해 자매간의 유대와 사랑 그리고 두 여성의

12 마크 슈미트, 김지양 역, 《이상한 대중문화 읽기》, 서울: 인간희극, 2008.

13 류다영, 앞의 논문.

연대가 스토리의 기제를 이루고 있다. 두 공주의 서사 구성과 이야기 전개는 진부한 공주 이야기의 플롯에서 탈피한 새로운 공주 스토리의 진화라고 볼 수 있다.

뮤지컬 배우로 탄생한 캐릭터

〈겨울왕국〉의 스토리를 보면, 엘사는 모든 것을 얼어붙게 만드는 마법의 힘을 갖고 태어나 자신도 모르게 타인에게 피해주는 것을 항상 두려워한다. 어린 시절 동생 안나를 다치게 한 아픈 기억이 있기 때문이다. 스스로 내재된 마법의 힘을 두려워한 엘사는 왕국을 떠나 산속으로 가게 되고, 안나는 엘사를 구하기 위해 산속으로 떠나는 모험이 시작된다. 이 과정에서 안나는 남성 조력자를 만나게 되고, 여러 갈등을 해결하며, 엘사와 함께 왕국으로 돌아온다. 반면 극 중에 묘사되는 왕자는 어려움을 해결하고 공주를 구원하는 왕자가 아닌 비겁하고 권력욕에 불타는 악인으로 묘사된다. 이러한 여성 중심의 스토리는 왕자와의 사랑 대신 자매간의 사랑과 협력을 통해 왕국을 구하는 행복한 결말로 이어진다.

애니메이션 캐릭터 엘사 역에 실제 뮤지컬 노래를 담기 위해 뮤지컬 배우로 유명한 이디나 멘젤(Idina Menzel)이 음성 연기를 했다. 이디나 멘젤은 브로드웨이 뮤지컬에 다수 출연했으며 대중적으로 잘 알려진 미국의 배우이자 가수이다. 멘젤은 뮤지컬 〈렌트(Rent)〉의 모린 역을 통해 1996년 연극계의 아카데미상인 토니상(Tony Awards) 후보로 지명되었으며, 2003년 브로드웨이 뮤지컬 〈위키드(Wicked)〉의 초록마녀 엘파바(Elphaba)

에서의 연기로 토니상 최고 여배우상(Tony Award for Best Actress in a Musical)을 수상한 실력파 여배우이다. 안나 역에는 크리스틴 앤 벨(Kristen Anne Bell)이 맡았으며, 〈히어로스(heroes)〉, 〈하우스 오브 라이즈(House of Lies)〉 등 TV 시리즈로 얼굴이 널리 알려진 연기자다. 음성 연기자들은 애니메이션 캐릭터의 동작과 제스처, 표정을 그대로 따라 하면서 목소리를 더빙했다. 또한, 애니메이터들은 반대로 성우들이 녹음할 당시에 취한 동작이나 제스처 등을 캐릭터의 동작에 적용하였다. 음성 연기자는 캐릭터의 감정을 스스로 투영하고, 극 중 상황에 몰입하여 더욱 생명력 있는 캐릭터로 연기한 것이다. 뮤지컬 애니메이션 캐릭터의 탄생 과정을 보면, 동화 속 일러스트 이미지에서 3D CG 캐릭터, 과장된 연기와 춤, 뮤지컬 배우 음성을 통해 뮤지컬 애니메이션 캐릭터로 탄생된다.

〈겨울왕국〉의 뮤지컬 구성

뮤지컬 노래와 음악은 서곡(overture), 오프닝넘버(opening Number), 제시(exposition), 프로덕션넘버(production number), 반복연주(reprise), 쇼 스토퍼(show stopper), 아리아(aria), 커튼콜(curtain call)의 8가지 요소로 구성된다.[14] 첫째, 서곡은 극이 시작되기 전 오케스트라가 연주하는 것으로 뮤지컬 도입부에서 극의 분위기 조성과 작품의 배경을 암시한다. 둘째, 오프닝넘버는 '오프닝 코러스(opening chorus)'라고도 하며, 단체로 부르는 합창으로 활기찬 분위기를 통해 관객의 관심을 유도한다. 셋째, 제시는 극 중 상황 이전의 배경과 어떠한 상황이 전개되는지 설명하며, 노래를 통해 전달한다. 넷째, 프로덕션넘버는 뮤지컬의 가장 하이라이트 부분에 연주되거나 불리는 노래로 대담하면서 화려하고 유쾌하다. 한 작품에 2회 정도 소개된다. 다섯째, 반복연주는 작품이 진행되는 도중 극적 순간이나 그 변화에 맞춰 이전 연주의 선율을 변화시키거나 편곡하여 연주된다. 여섯째, 쇼 스토퍼는 극 진행이 느슨해진 경우, 분위기 전환 역할을 하며 활기찬 노래와 연기가 삽입된다. 일곱째, 아리아는 클라이맥스 부분의

14 김도영, 〈뮤지컬의 이해와 작품특성에 관한 연구〉, 세종대학교 석사학위논문, 2010.

연주로, 남녀 주인공의 사랑 또는 비극 등 작품의 주제를 표출하는 이중창이다. 여덟째, 커튼콜은 공연이 끝난 뒤 관객의 환호에 답하여 배우들이 노래와 춤을 보여주는 곡이다.

〈겨울왕국〉의 뮤지컬 노래 구성을 보면, 〈Elsa and Anna〉와 〈The Trolls〉는 오프닝넘버에 해당하며, 초반부 활기찬 분위기 전달과 함께 이야기를 시작한다. 또한, 〈Frozen Heart〉는 극의 시작 장면에서 얼음 장수들이 단체로 얼음을 깨는 군무와 활력 있는 합창으로 오프닝넘버에 해당한다. 뮤지컬의 제시에 해당하는 〈Coronation Day〉는 엘사가 왕위에 즉위 하는 날의 축제 분위기와 아렌델의 여름 배경과 어울리게 배경음악으로 연주된다. 또한, 안나와 엘사가 대화하듯 노래하는 〈For the First Time in Forever〉와 안나가 부르는 〈Do you Want to Build a Snowman?〉은 극 중 상황의 배경을 암시하는 제시에 해당한다. 반복연주에 해당하는 〈Royal Pursuit〉가 안나와 엘사가 겪는 위기의 순간을 긴장감 있게 전해주며 반복적으로 연주된다. 쇼 스토퍼로 〈Coronation Band Suite〉가 나오며, 유머러스한 분위기를 전달하여 분위기를 반전시킨다. 또 다른 쇼 스토퍼로 〈Reindeer(s) are Better than People〉, 〈In Summer〉, 〈Fixer Upper〉가 연주된다. 가장 하이라이트 부분에 부르는 프로덕션넘버는 〈Let it go〉로 매우 화려하고 힘 있게 연출된다. 아리아는 안나와 한스 왕자가 이중창으로 부르는 〈Love is an Open Door〉와 엘사와 안나가 부르는 〈For the First Time in Forever(reprise)〉가 있다. 〈겨울왕국〉의 배경음악과 노래가 뮤지컬의 음악적 특성에 맞추어 전체 서사를 전개한다.

어린시절 안나가 엘사와 함께 눈사람을 만들었던 추억을 간직하며, 눈이 올 때마다 엘사의 방문을 두드리며 "Do you want to build a snowman?"이라고 엘사에게 묻는다. 안나의 애절한 심정이 대사를 대신해 노래로 표현된 것이다. 대관식에서 안나가 노래를 부르며 한스 왕자에게 다가가는 장면은 뮤지컬 배우가 안무와 함께 노래를 통해 대사를 표현하는 뮤지컬의 연기 특성을 보인다. 연기와 춤을 통해 생각과 감정을 전달하며, 스토리의 논점을 강조하듯이 가상 캐릭터의 과장된 연기는 뮤지컬 애니메이션의 특성을 드러내고 있다.

〈겨울왕국〉의 자연 배경

〈겨울왕국〉은 북유럽의 전통문화와 자연환경을 모티브로 제작되었다. 극 중 배경인 아렌델은 노르웨이 셰라그(Kjerag) 지역과 항구도시 베르겐을 참고로 했다. 제작진은 직접 답사하며 건축물과 자연환경에 대한 많은 자료를 확보하고 이를 콘셉트 과정에서 각색하여 디자인했다.

셰라그 지역은 북유럽 특유의 깎아내린 듯한 절벽과 빙하로 만들어진 계곡 등 피오르의 특성을 간직하고 있다. 극 중 항구가 얼어붙는 장면에서는 피오르가 얼어붙고 있다는 대사를 통해 지역 배경을 암시한다. 또한, 어린 안나가 엘사를 깨우는 장면에서는 밤하늘의 오로라가 너무 밝아서 잠을 이룰 수 없다며 불평하는 장면이 나온다. 이는 북유럽의 자연현상인 오로라가 극 중에 연출되며 북유럽 지형의 특성이 애니메이션에 재현됨을 알 수 있다. 안나가 엘사를 찾으러 얼음궁전으로 가는 과정에서 노르웨이 피오르(Norwegian fjord)를 타고 간다. 노르웨이 피오르는 노르웨이, 덴마크, 스웨덴 등 북유럽 산악지대에만 서식하는 조랑말의 일종이다. 또한, 아렌델 왕국은 바이킹족의 건축양식이 드러나는데, 노르웨이 건축물인 보르군 목조교회(borgund stave church)의 외관과 매우 유사하다. 피오르와 산악지형, 바이킹의 전통 건축양식, 노르웨이 피오르 조랑말, 노르웨이 전통 복식을 통해 북유럽의 전통문화와 자연환경을 표현하고 있다.

VFX를 이용한 눈 효과

2D 애니메이션인 〈미녀와 야수〉에서 배경을 입체적으로 표현하기 위해 무도회장을 3D 그래픽으로 제작한다. 이러한 시도를 통해 갈수록 컴퓨터그래픽의 사용이 늘어나게 된다. 애니메이션은 20세기 초부터 오랜 기간 셀 애니메이션으로 제작되었지만, 1990년 초반 컴퓨터 소프트웨어가 발전함에 따라 CG(Computer Graphic)를 이용한 작품이 제작되기 시작한 것이다. 이는 컴퓨터로 만든 디지털 이미지 기반의 애니메이션 제작이 시작되며, 애니메이션 제작의 역사에 큰 변화가 있음을 의미한다. 디지털 이미지란 픽셀(pixel: picture elements)을 최소 단위로 하여 언제든지 변형이 가능하며, 대량 복사가 매우 용이한 장점이 있다. 애니메이터들은 전통적인 2차원 작업에서 벗어나 3차원 공간에서 작업하며, 대상에 대한 더욱 사실적인 묘사뿐 아니라 인간이 상상하는 어떠한 이미지도 구현할 수 있게 되었다. 컴퓨터그래픽을 이용한 최초의 장편 애니메이션 영화는 1995년 존 라세터(John Lasseter) 감독이 제작한 〈토이 스토리(Toy Story)〉(1995)다. 존 라세터는 월트 디즈니에 입사하여 애니메이션 제작 경력을 쌓았으며, 이후에 픽사(Pixar)로 이직하여 컴퓨터그래픽을 이용한 실험 작품인 〈룩소 주니어〉(1987)와 〈틴 토이〉(1988)를 제작했다. 이러한 실

험 작품을 제작한 기술력을 바탕으로 장편 애니메이션 영화 〈토이 스토리〉를 제작한 것이다. 〈토이 스토리〉는 1996년 아카데미상을 받았고, 이를 기점으로 애니메이션 영화계에서는 컴퓨터그래픽 사용이 크게 늘어난다. 이후 존 라세터 감독은 〈벅스 라이프〉(1998), 〈토이 스토리 2〉(1999), 〈몬스터 주식회사〉(2001), 〈니모를 찾아서〉(2003) 등 3D 컴퓨터그래픽을 이용한 애니메이션 영화를 꾸준히 제작했으며, 이는 새로운 표현형식의 애니메이션 시대가 시작된 것을 의미한다. 애니메이션 제작 방식이 컴퓨터그래픽으로 전환되면서 디지털로 구현하는 시각특수효과(VFX: Visual Effects)의 비중이 크게 늘어난다. 시각특수효과(VFX)는 디지털 기반의 CG 제작기술이 발전함에 따라 더욱 사실적인 표현이 가능해졌다. 애니메이션뿐만 아니라 실사영화에서도 사용도가 높아지고 있다. 1980년대 디즈니 영화 〈트론(Tron)〉(1982)은 실사영화와 CG가 결합하여 제작되었다.

이후 〈터미네이터(Terminator)〉(1991), 〈쥬라기 공원(jurassic World)〉(1993), 〈아바타(Avatar)〉(2009)에 이르는 동안 VFX 기술은 사실적이면서도 다양한 효과를 구현하게 되었다. 특히, 현실에서 구현하기 어려운 물, 불, 바람 등 자연현상을 VFX 효과를 통해 구현하며 그 완성도가 높아지고 있다. CG를 이용한 VFX는 디지털 매트페인팅, 파티클(Particle) 기법 디지털 합성 등을 통해 제작된다. 특히 물, 바다, 불, 연기 등의 효과는 CG 내 유체 시뮬레이션을 이용하여 제작된다. 이러한 애니메이션 VFX의 사실적 재현 기능은 실제 세계에서 인지하는 사람들의 관념적 경험에 따라 사실로 받아들이게 된다.

이러한 애니메이션은 사실적 표현과 더불어 실사영화와 다른 환상적인 효과를 통해 장면의 극적 연출을 배가한다. 〈겨울왕국〉의 주요 장면마다 보이는 눈과 얼음 효과는 최신 VFX 기술이 적용되었다. 안나가

눈 위를 걷는 것을 표현하기 위해 파티클 시뮬레이션이 진행되었으며, 작업의 특성상 매우 정교한 고난도의 기술적 테스트가 진행되었다. 엘사가 얼음성을 세우는 장면은 45가지 VFX 효과가 동시에 적용되었으며, 약 9개월의 기간이 소요되는 대작업을 통해 완성되었다. 제작진은 눈 효과를 내기 위해 캘리포니아 공대의 케네스 리브렉트 박사(Dr. Kenneth Libbrecht)의 눈 결정체에 대한 강의를 청강했으며, CG를 이용하여 눈꽃 모양의 패턴과 눈의 결정체를 매우 사실적으로 제작하였다. 고난도의 기술력이 필요한 CG 작업은 많은 우수 인력과 장비, 자본이 필요하다. 이러한 이유로 최신 CG 기술은 월트 디즈니, 드림웍스, 픽사 등 할리우드의 메이저 스튜디오에 의해 선도되고 있다. 최신 영화를 제작할 때마다 새로운 신기술이 발명되고 영화에 적용되면서 더욱 극적인 장면 연출뿐 아니라 영화 홍보효과에도 일조한다. 최신 VFX 기술과 기획으로 제작된 〈겨울왕국〉 속 눈의 극 사실적인 효과는 동화 속 마법처럼 극의 환상적 연출을 가능하게 하였다. 원작 동화에서 글과 일러스트 이미지를 통해 묘사되었던 장면이 애니메이션 영상을 통해 사실적이고 환상적으로 구현된 것이다. 〈겨울왕국〉은 기존과 확연히 구분되는 그래픽 구현과 VFX를 통해 눈의 효과를 구현하였다.

〈겨울왕국〉의 혼성적 장면연출

〈겨울왕국〉은 뮤지컬의 음악 특성을 통해 감성이 극적으로 표출되며, 상황의 의미 전달과 함께 서사적 기능이 이루어진다. 뮤지컬은 배우의 음성과 톤의 높낮이, 리듬을 조절함으로써 호소력 높은 감성을 전달한다. 이러한 음악 특성은 다른 장르에 비해 더욱 극적인 감성을 표현한다. 극 중 하이라이트인 엘사가 얼음궁전을 만들며 〈Let it go〉를 부르는 장면에서는 이디나 멘젤의 파워풀한 목소리와 애니메이션 캐릭터인 엘사가 얼음계단을 올라가는 역동적인 모습, 그리고 눈송이가 마법처럼 휘날리며 허공에서 얼음계단이 만들어지는 환상적인 장면이 연출된다. 뮤지컬 구성요소 중 프로덕션 넘버에 해당하는 〈Let it go〉는 갈등이 최고조에 다다른 상황에서 엘사의 감성을 극적으로 표출한다. 또한, 엘사가 〈Let it go〉를 부르는 장면은 내면에 억압된 자아와 두려움을 대사로 표현하지 않고 춤과 연기 그리고 노래를 통해 표출함으로써 뮤지컬 애니메이션의 특성을 극대화한다. 이러한 영상연출은 CG 애니메이션 캐릭터의 사실적인 연기, 뮤지컬의 대사 및 노래, 그리고 VFX효과와 영상 서사가 혼합된 장면연출이 이루어지면서 원작 동화 속 상상의 이미지가 살아있는 동적 영상으로 재현된 것이다.

04

애니메이션 로토스코프의 실제와 허구의 혼성

- 플라이셔 형제와 로토스코프
- 로토스코프 애니메이션의 발전
- 사실적 재현과 주관적 진실
- 〈웨이킹 라이프〉
- 〈스캐너 다클리〉
- 실제 세계를 모방한 사실적 재현
- 주관적 진실의 표출
- 로토스코프를 통한 실제 배경 재현
- 로토스코프의 예술적 의의

플라이셔 형제와 로토스코프

1917년 플라이셔(Fleischer) 형제[1]는 자연스러운 캐릭터의 동작을 표현하고자 로토스코프(rotoscope)를 개발하였다. 플라이셔는 'pen-and-ink'의 전통적인 수작업이 자연스러운 동작 구현에 많은 한계가 있다고 생각했다. 'pen-and-ink'는 펜에 잉크를 묻혀 그리는 펜화로 전통적인 방식의 작화법이다. 애니메이터는 캐릭터의 동작을 표현하기 위해 순차적으로 변화하는 형태를 그려야 한다. 만약 애니메이터가 캐릭터의 팔을 움직이고 싶다면, 변화하는 위치에 따라 여러 번에 걸쳐 순차적인 팔 동작을 그려야 한다. 하지만 그려진 캐릭터의 동작은 기계적이고 부자연스러우며, 일부 동작은 예술가의 상상과 짐작으로 그려져 사실적인 표현에 한계가 있는 것이다.[2] 플라이셔의 관점에서 볼 때, 펜화로 그려지는 캐릭터의 움직임은 부자연스러우며, 오직 인간의 동작과 정확히 일치하는 것만이 사

1 막스 플라이셔(Max Fleischer)와 데이브 플라이셔(Dave Fleischer) 형제는 1921년 플라이셔 스튜디오(Fleischer Studio, Inc.)를 설립하고, 어릿광대 코코(Koko the Clown), 베티붑(Betty Boop), 빔보(Bimbo), 뽀빠이(Popeye the Sailer), 슈퍼맨(Superman) 등 수많은 유명 캐릭터를 탄생시켰다.

2 Reporter, The Inkwell Man, ProQuest Historical Newspaper The New York Times, New York Times, Feb 22, 1920.

실적인 움직임이라고 생각했다. 실제 동작을 촬영한 필름을 그대로 베껴 나가는 로토스코프 기법은 그가 고민한 사실적인 움직임에 대한 최선의 해결 방법이었다.

"배우들을 연기하게 하고 그들의 동작을 찍은 필름을 트레이싱 페이퍼를 대고 베끼고 나서 윤곽선을 조금 변형시켜 영화를 만들었다. 이것이 바로 로토스코프 기법으로 복잡한 동작을 연구하는 데 필수다."[3] 초기 로토스코프 기법은 캐릭터의 자연스러운 움직임과 카메라 각도 변화에 따른 원근감을 정확하게 표현하기 위해 개발되었다. 또한, 손으로 직접 그린 것보다 작업 시간을 단축할 수 있으며, 제작비 측면에서도 매우 효율적이다. 가장 큰 기술적 특징은 실사 촬영한 필름을 이용하는 것이며, 현대에 들어와서도 디지털 기술이 발전했지만 근본적인 제작원리는 변하지 않고 있다. 로토스코프는 작화 단계가 아닌 실사영화와 마찬가지로 촬영하는 단계이며, 이에 따라 캐릭터의 동작 카메라의 샷 구도가 정해진다. 로토스코프를 이용한 애니메이션 과정은 이미 촬영된 움직임을 종이나 필름에 새로 옮겨 그리는 과정일 뿐인 것이다.[4] 로토스코프의 궁극적인 목적은 실제 세계에 대한 모방을 통해 자연스러운 움직임을 구현하는 데 있다.

로토스코프 방식은 플라이셔 형제가 1년간의 실험과 작업을 거쳐 1분가량의 애니메이션 〈잉크병 밖으로(Out of the Inkwell)〉(1918)를 통해 처음 제작되었다. 〈잉크병 밖으로〉는 어릿광대 코코가 잉크병 밖으로 나와 작가의 붓을 가지고 노는 내용이다. 주목할 점은 플라이셔 형제의 손을

---

3 베르나르 제넹, 앞의 책.

4 김이진, 〈로토스코핑을 활용한 2D 애니메이션에 관한 연구〉, 기초조형학학회, 2004.

실사 이미지로 보여주고 어릿광대 코코는 만화 캐릭터로 하여 실사영화와 애니메이션을 합성했다는 것이다. 이는 최초의 로토스코프 작품일 뿐 아니라 애니메이션과 실사가 합성된 최초의 작품인 것이기도 하다. 이후 월트 디즈니의 〈이상한 나라의 앨리스〉, 조지 시드니(George Sidney) 감독의 뮤지컬 영화 〈닻을 올리고〉(1945), 〈메리 포핀스〉(1964), 로버트 저메키스(Robert Zemeckis)의 〈누가 로저 래빗을 모함했나〉(1988) 등에서 만화 캐릭터와 실사 촬영 이미지가 합성된 작품이 제작된다.

상영을 위한 첫 로토스코프 작품인 〈광대 코코(Koko the Clown)〉(1919)는 에피소드 단편에서 시작하여 시리즈로 확장되었으며, 뉴욕 스트랜드(Newyork Strand) 극장에서 상영되었다. 1920년 2월 22일자 〈뉴욕타임스(New York Times)〉는 〈광대 코코〉에 대해 "이 작은 잉크 광대는 많은 독특한 특징으로 관객의 관심을 끌고 있다. 한 가지 예로 그의 동작은 부드럽고 우아하다. 그는 마치 특별하게 유연한 인간처럼 걷고, 춤추고, 그리고 뛰어오르기도 한다"라고 예찬하였다.[5] 기사에서 보듯이 당시 관객은 손으로 그린 캐릭터의 사실적인 동작에 매우 감탄했음을 알 수 있다. 자연스러운 움직임에 대한 플라이셔의 동경은 '로토스코프'라는 기법을 통해 기술적 성공을 거두었다. 로토스코프 기법은 실사 촬영한 이미지에서 형태 중심으로 외곽라인을 그대로 베껴낸다. 이에 따라 대상의 질감과 색감 그리고 조명은 신경 쓰지 않아도 되었으므로 촬영 현장에서 수행되는 로케이션 헌팅, 배우의 메이크업과 의상 피팅 등의 과정이 매우 간소하게 진행된다.

로토스코프는 형태를 라인으로 베낀 후 그 위에 덧칠하고 채색함으

5 Reporter, op. cit.

로써 촬영된 사진 이미지에서 회화적 이미지로 변형된다. 이는 현실을 대상으로 한 사진 이미지가 애니메이터의 채색으로 인해 회화적인 만화 이미지로 바뀌는 것이다. 〈백설공주와 일곱 난쟁이〉는 실제 배우인 마지 챔피언(Marge Champion)의 연기를 로토스코프를 이용해 '백설공주'라는 애니메이션 캐릭터로 창조했다. 또한, 〈스캐너 다클리(A Scanner Darkly)〉(2006) 속 주인공 밥 액터(Bob Arctor) 역을 맡은 키아누 리브스(Keanu Reeves) 또한 로토스코프 기법을 통해 만화적 이미지의 캐릭터로 창작되었다. 이는 세상에 존재하는 실제 인물의 이미지가 로토스코프 제작과정을 통해 회화적 이미지로 변형되는 것이다.

로토스코프 개발 초기 이에 대한 부정적 의견이 대두했다. 전통적으로 예술가가 손으로 직접 그린 그림에 비해 예술성이 부족하다는 점과 제작과정에서 사진 이미지를 그대로 모방함으로써 저급한 단계의 예술기법이라는 점 때문에 일종의 편법이나 속임수로 여겨졌다.[6] 전통 회화방식과 연관한 예술적 맥락에 따라 예술가가 형상을 묘사하지 않고 촬영 이미지에만 의존하여 창의성이 결여된다고 보았기 때문이다. 베르나르 제넹(Bernard Genin)은 로토스코프를 사용한 사실적 묘사는 창의적인 생각, 시적 정취, 자유로운 움직임이 사라진다고 했다.[7] 실세계를 기계적으로 모방한 형상의 구현은 애니메이션이 갖는 창의적이고 자유로운 창작을 제한한다고 본 것이다. 또한, 이러한 애니메이션에서의 리얼리즘에 대해 예술적 창작보다는 기술적 노동에 불과하다는 부정적인 의견이 제기되었던 것이다.

6 정혜경, 〈로토스코핑 애니메이션 〈When the day breaks〉에 나타난 이미지 재현에 관한 연구〉, 《만화애니메이션 연구》 39, 2019.

7 베르나르 제넹, 앞의 책.

로토스코프 기법의 특성을 보면, 첫째, 색감이나 질감이 아닌 형태 중심의 모사를 한다. 둘째, 카메라 촬영을 통해 실제 같은 투시와 원근감을 구현한다. 셋째, 배우의 동작을 촬영하여 프레임 이미지마다 형태를 베껴서 자연스러운 동작을 구현한다. 넷째, 실사 촬영 필름 이미지가 채색 작업을 통해 회화적 이미지로 변환된다. 애니메이션 초기 역사부터 시작된 로토스코프는 사실적 움직임의 재현이라는 특성으로 시작했지만, 최근에는 광고, 영화, 뮤직비디오 등 다양한 매체로 활용이 확대되고 있다.[8]

8 정혜경, 앞의 논문.

로토스코프 애니메이션의 발전

1930년대 초반 디즈니 애니메이션은 플라이셔 형제의 로토스코프 기법의 영향을 받게 된다. 이는 로토스코프가 만화 캐릭터의 사실적인 동작 표현에 매우 효과적이었으며, 애니메이터들이 손으로 그린 것보다 작업시간이 단축되어 제작비를 절감할 수 있었기 때문이다. 대표적인 예로 최초 극장용 장편 애니메이션 영화 〈백설공주와 일곱 난쟁이〉에서 로토스코프가 사용된다. 백설공주의 춤과 연기를 위해 여배우인 마지 챔피언이 연기하는 동작을 필름에 담아 로토스코프를 통해 백설공주 캐릭터에 적용했다. 백설공주의 춤과 연기는 매우 사실적으로 재현되었지만, 사람의 동작과 똑같은 백설공주의 동작이 오히려 일곱 난쟁이의 과장된 만화적 움직임과 괴리감을 주었다는 평가를 받기도 했다. 일곱 난쟁이는 로토스코프가 아닌 작화가들의 수작업을 통해 만화 애니메이션 특유의 과장된 동작으로 그려졌기 때문이다. 이는 로토스코프를 통한 사실적 동작 구현이 만화 애니메이션이라는 비현실 공간에서 각 캐릭터 간 어울리지 않는 움직임이 동시에 재현되었기 때문이다.[9] 하지만 월트 디즈니

9 김영옥, 〈요나스 오델(Jonas Odel) 작품 세계에 나타난 디지털 로토스코핑 이미지의 특성〉,

최초의 장편 애니메이션 〈백설공주와 일곱 난쟁이〉를 기점으로 로토스코프 기법의 장점이 부각되어 본격적으로 활용되기 시작한다.

한국의 경우 초기 로토스코프는 김청기 감독의 〈로버트 태권 V〉(1976)에서 활용되었다. 등장 캐릭터가 태권도의 품새부터 동작, 거기에 공격과 방어 같은 사실적인 동작을 해야 했기 때문이다. 실제 유단자들의 대련을 16mm 흑백카메라로 여러 방향에서 찍은 후, 영사기를 한 프레임씩 돌아가도록 한 뒤 확대경 위에 작화지를 올려놓고 로토스코프 작업을 진행하였다. 이러한 사실적인 태권도 동작은 주인공 훈을 비롯해 여러 캐릭터에 그대로 적용되었다. 김청기 감독은 1960년대 중반 〈메리 포핀스〉 속 만화 캐릭터 펭귄과 실제 배우가 탭댄스 추는 장면이 인상 깊었으며, 이를 로토스코프 기법으로 제작한 것을 알고 태권도의 모든 동작을 로토스코프 기법을 이용하여 제작한 것이다.

1980년대 이후에는 〈트론(Tron)〉, 〈누가 로저 래빗을 모함했는가〉(1988) 등 할리우드 실사영화에서 특수효과(FX)나 만화 캐릭터를 합성하는 데 로토스코프 기법이 사용되었다. 디지털 시각효과에서도 로토스코프를 자주 사용하는데, 디지털화된 이미지에서 합성이 필요한 부분에만 애니메이션 형상을 그려 넣는 것을 말한다. 1977년 〈스타워즈〉에서 광선 검 결투 장면을 위해 먼저 배우들이 나무 목검을 이용하여 촬영하고, 로토스코프를 통해 목검의 윤곽선을 따낸 다음 붉은색과 푸른색의 형광색을 그려 넣어 합성하였다. 광선 이미지로 만들기 위해 실제 목검을 사용한 장면을 촬영한 뒤 로토스코프를 통해 제작한 것이다. 스티븐 리스버거(Steven Lisberger) 감독의 〈트론〉에서도 로토스코프를 이용해 다

《만화애니메이션연구》 39, 2015.

양한 광선 효과를 제작했다. 이와 같이 로토스코프는 번개, 레이저, 광선 등 특수효과를 합성하기 위한 방법으로도 활용되었다.

또한, 〈트론〉은 영화제작에 컴퓨터 기술을 사용하기 시작하는 데 중요한 영향을 미친 작품이다. 이는 향후 디지털 기술을 활용한 영화제작의 미래를 가늠할 수 있는 기회였다. 스티븐 리스버거 감독은 컴퓨터 기술에 대해 다음과 같이 언급하였다. "컴퓨터 기술은 영화에 점점 더 많이 사용될 것이다. 그것은 불가항력이라고 할 수 있다. 이러한 기술적인 발전은 매우 짧은 시간에 이루어진 것이어서 우리는 전혀 본 적이 없는 무언가를 보여주거나, 우리의 세계와 엇비슷하지만 상상 속에서나 만날 수 있는 환경에서 벌어지는 사건을 제시할 수 있다."[10] 〈트론〉은 사이버펑크 SF 장르로 '컴퓨터 세계'라는 가상현실에서 인간이 의인화된 프로그램과 대결을 펼치는 내용이다. 1980년대 컴퓨터가 일반화되지 않은 시점을 생각하면, 매우 혁신적인 이야기 소재였다. 실사영화에 컴퓨터 그래픽을 결합한 최초의 작품으로 영화사적 가치가 크지만, 흥행에는 성공하지 못했다. 로버트 저메키스 감독과 애니메이션 감독 리처드 윌리엄스(Richard Edmund Williams)의 〈누가 로저 래빗을 모함했는가〉는 만화 캐릭터와 인간이 함께 살아간다는 독창적인 세계관을 바탕으로 제작되었다. 영화의 배경은 1947년 미국 할리우드로 살인사건의 범인을 추적하며 벌어지는 사건을 코믹하게 다룬 내용이다. 밥 호스킨스(Bob Hoskins), 크리스토퍼 로이드(Christopher Lloyd) 등의 배우와 유명 만화 캐릭터인 미키 마우스, 도널드 덕, 구피, 벅스 버니, 루니툰 캐릭터 등이 출연했다. 무엇보다 이 영화는 실사와 애니메이션을 성공적으로 합성했다는 데 기술적 의의

10 베르나르 제넹, 앞의 책.

가 크다.

2000년대 이후 로토스코프를 활용한 애니메이션으로는 〈바시르와 왈츠를(Waltz With Bashir)〉(2008), 〈치코와 리타(Chico & Rita)〉(2010), 〈러빙 빈센트(Loving Vincent)〉(2017) 등이 제작되었다. 이 세 작품은 다큐멘터리 형식을 차용한 애니메이션이다. 사실 기록이라는 다큐멘터리 영상 형식에 따라 만화 캐릭터 특유의 과장된 동작이나 왜곡된 형태를 표현하지 않고, 로토스코프를 이용한 사실적 형태 묘사와 인간의 동작을 그대로 표현한 것이다. 이로써 애니메이션을 통한 사실의 재현이라는 측면에서 로토스코프의 표현과 연출의 영역이 더욱 확대된 것이다.

사실적 재현과 주관적 진실

초기 로토스코프의 목적은 실제 인물의 동작을 모방하여 애니메이션에서 자연스러운 동작을 구현하는 데 있었다. 하지만 단순한 동작의 모방에서 벗어나 촬영된 실사 이미지의 일부 혹은 전체를 변형하여 새로운 형태로 변형하는 작업이 시도되었다. 리처드 링클레이터(Richard Linklater) 감독의 〈웨이킹 라이프(Waking life)〉(2000)는 제작자의 주관적 감정과 예술적 의도에 따라 촬영된 이미지를 생략하거나 변형한 형태로 대상을 표현했다.[11] 이는 초기에 사실적 동작 구현에만 치중하였던 로토스코프의 기능이 제작자의 창작 의도에 따라 대상을 변형하여 상황에 내재된 주관적 진실을 표현하고자 하는 예술적 접근으로 확장된 것이다. 이러한 시도를 통해 제작자의 주관적 해석에 따른 인간 내면의 심리상태와 특정 사건의 진실을 표현하고자 했다. 미술사학자 곰브리치(E. H. Gombrich)는 대상 묘사에서 재현은 대상을 있는 그대로 복사하는 것이 아니라 예술가의 의도에 따라 변형되어 새로운 것으로 묘사되는 것이라고 언급했다. 이는 동일한 대상을 보더라도 사람마다 이를 수용하고 해석

11 정혜경, 앞의 논문.

하는 관점이 달라서 절대적인 객관적 재현은 불가능하다는 것이다.[12] 호퍼(Hoffer)는 "실사촬영이 물리적 현실을 표현한다면, 애니메이션은 형이상학적 현실을 표현한다"라고 언급하였다.[13] 예술가의 이미지 재현은 환영을 만들어내고, 이를 통해 우리에게 세계를 새롭게 보는 법을 제시한다. 애니메이션을 이용한 영상 구성은 예술 창작을 더 자유롭게 한다. 애니메이션의 움직임 구현은 제작자의 표현의지에 따라 현실 세계를 지배하는 자연법칙에서도 자유로울 수 있는 초현실적 특성을 지니고 있다.[14] 즉, 애니메이션은 실제 세계에 대한 묘사 및 모방을 통한 사실적 재현과 실제 존재하지 않는 상상의 이미지를 환상적으로 표현할 수 있기 때문이다. 이는 어떠한 상상적 형상이든 애니메이션을 통해 시각영상화가 가능할 뿐만 아니라 제작자의 의도에 따라 탄력적으로 자유자재로 변형이 가능한 것이다.

영화와 애니메이션 모두 실제 상황을 재현하려는 시도는 꾸준히 이어져 왔다. 두 매체가 현실을 반영한다 해도 스크린에 재현되어 있을 때는 이미 지나간 과거이며, 재현된 공간 안에서의 새로운 리얼리즘이 생겨난다. 크리스티안 될커(Christian Doelker)는 "실제적인 것이 허구적 공간에서 상징에 이를 뿐 아니라 상상적인 것 자체도 리얼리티에 근원을 두고 실제적인 지표성(Indexicality)에 의거해 도출된다"라고 했다. 관객은 사실적 매개를 형성하여 간접적인 체험과 일치시켜주면 의심하지 않고 조작된 리얼리티를 받아들이게 되는 것이다.[15] 따라서 영상 매체에서의 리얼

12 이정숙, 〈곰브리치의 지각과 그의 회화적 재현〉, 《미학예술학연구》 22, 2005.

13 Hoffer, 1981.

14 김준양, 앞의 책.

15 김수현, 2002, 17쪽.

리즘은 현실 세계를 똑같이 재현하지 않더라도 지표성이라는 매개를 통해 실제와 같이 동일시하고 수용할 수 있다면 리얼리즘이 구현되는 것이다. 이는 실제 세상의 사물에 대한 존재론적 접근보다는 어떻게 수용하는지에 대한 인식론적 측면에서 리얼리즘이 성립되는 것이다.

에코가 애니메이션의 리얼리즘을 '초사실주의'라고 정의한 것도 애니메이션 이미지가 실제와 같이 수용된다는 전제하에 언급한 것이다. 에코는 애니메이션의 초사실주의에 대해 다음과 같이 언급하였다. 첫째, 초사실주의 애니메이션은 디자인, 맥락, 동작에서 실사영화 리얼리티의 재현과 근접하거나 상응한다. 둘째, 캐릭터, 배경, 상황은 '실제 세계'의 일반적 물리 법칙에 상응된다. 셋째, 초사실주의 애니메이션의 '사운드'는 장면에 대한 모방적인 적합성과 직접적인 상응성을 보여줄 것이다. 넷째, 캐릭터의 '신체'에 대한 구성, 동작 그리고 행동의 특징은 '실제 세계'의 인간과 생물들의 물리적 측면들과 상응할 것이다.[16]

반면, CG를 통해 실제 이미지와 같이 똑같이 제작되는 영화에 대해 살펴보자. CG의 발전에 따라 〈파이널 판타지(Final Fantasy: The Spirits Within)〉(2001), 〈폴라 익스프레스(The Polar Express)〉(2004), 〈베오울프(Beowulf)〉(2007) 등의 애니메이션 영화는 실사 이미지와 같이 매우 사실적으로 제작되었다. 사카구치 히로노부(坂口博信)가 감독한 〈파이널 판타지〉는 미래 SF 장르로 외계인의 침입에 대항하는 내용을 담고 있다. 영화 개봉 당시 사진 이미지 같이 제작된 인간 캐릭터의 모습에 많은 화제를 불러일으켰으며, CG의 무한한 가능성을 보여주었다. 로버트 저메

---

16 정주휜, 〈애니메이션 로토스코핑의 영상 미학적 표현에 관한 연구〉, 동서대학교 석사학위논문, 2015; 폴 웰스, 2001.

키스 감독이 연출한 3D 애니메이션 영화 〈폴라 익스프레스〉는 톰 행크스(Tom Hanks)가 1인 5역으로 출현했으며, 사실적 동작 구현을 위해 모션 캡처 기술이 사용되어 극의 사실적 표현을 더하였다. 로버트 저메키스 감독의 또 다른 실사풍의 3D 애니메이션 영화 〈베오울프〉는 앤서니 홉킨스(Anthony Hopkins), 안젤리나 졸리(Angelina Jolie)를 3D 캐릭터로 제작하였는데, 등장 배우들이 실사 이미지인지 애니메이션 이미지인지 구분이 모호할 정도의 CG 기술력을 보여주었다. 영화평에 대한 의견을 보면 "그래픽이 얼마나 완벽하냐 하면 극장에 아무런 정보 없이 간 내 친구는 영화 중반까지 애니메이션인 줄도 몰랐다. 고퀄리티 그래픽에 뛰어난 액션 연출은 가히 환상적이다"[17] 라고 언급하였다. 하지만 이러한 극사실적 연출의 시도는 오히려 창작과 상상 이미지 구현이라는 애니메이션의 특성이 결여되어 흥행에 그다지 성공하지 못했다. 이는 로봇이 인간의 모습과 거의 유사하게 제작되면, 어떠한 일정선에서 이에 대한 거부감을 느끼게 하는 언캐니 밸리(Uncanny Valley: 불쾌한 골짜기)와 같은 맥락이라고 볼 수 있다. 이러한 이유로 인해 실제를 초사실적으로 모방하거나 모사하는 영화제작은 점차 줄어드는 추세에 있다. 이는 기술의 완벽성 보다는 창작을 통해 감성코드가 내재된 작품이 애니메이션 특유의 감동과 흥미를 끌어내기 때문이다.

17 https://movie.naver.com/movie

〈웨이킹 라이프〉

리처드 링클레이터 감독은 디지털 로토스코프를 활용하여 〈웨이킹 라이프〉와 〈스캐너 다클리〉를 제작했다. 동일한 로토스코프를 활용했지만, 〈웨이킹 라이프〉가 예술적이고 주관적이며 독특한 영상을 연출했다면, 〈스캐너 다클리〉는 사실적인 극영화 스타일을 보인다. 링클레이터는 로토스코프를 각기 다른 식으로 활용하여 애니메이션만이 갖는 환상적인 영상 표현을 추구했다. 〈웨이킹 라이프〉는 2001년 베니스영화제 경쟁부문 초청작으로 로토스코프를 이용한 새로운 영상미학을 창조했다는 평을 받는 작품이다. 또한 〈웨이킹 라이프〉는 선댄스 영화제에서 처음 소개되었으며, 실사와 애니메이션의 경계를 오가며 의식과 무의식의 세계를 몽환적으로 표현하여 큰 화제가 되었다. 주인공은 자신의 정체성과 삶에 대한 회의와 혼란을 겪으며, 다양한 사람을 만나면서 삶과 죽음, 현실과 전생 그리고 꿈과 관련한 대화를 나눈다. 초현실적이고 비현실적인 장면 구성은 주인공의 혼란스러운 심리를 표현하고, 꿈과 현실의 경계를 오가는 몽환적 분위기를 통해 표현했다.

전체 서사는 서로 인과관계가 없는 16개의 옴니버스 형식으로 구성된다. 이러한 비선형적인 서사 구조를 통해 스토리마다 애니메이터들의 개성적인 회화 스타일을 표현하여 독특한 영상이 연출되었다. 이에 따라 주인공 윌리 위긴스(Wiley Wiggins)는 각기 다른 그림체의 캐릭터로 16개의 옴니버스에 등장한다. 위긴스는 하나의 고정된 이미지가 아닌 각 옴니버스에서 다양한 스타일로 표현됐다. 〈웨이킹 라이프〉는 31명의 아티스트가 참여했으며, 각자의 독창적인 회화 작풍을 살려 주제마다 완전히 다른 분위기를 연출한다. 얼핏 독특한 그림체의 애니메이션으로 보이지만, 실제로는 로토스코프를 이용하여 실제 형태를 모방하고, 이 형상을 또다시 작가의 그림 스타일과 예술성에 따라 변형시킨 것이다. 같은 주인공의 모습도 시퀀스에 따라 웹툰 느낌의 만화 캐릭터, 유화 느낌, 일러스트 스타일 등 각 애니메이터의 창작에 따라 다른 톤의 색감과 형태로 묘사되었다. 사실적인 움직임에 기초하여 리얼리티 부여가 중심이던 과거의 전통적인 로토스코프 작품들에 비해 사실과 허구가 결합된 형상과 움직임으로 새로운 미학적 가능성을 보여준 것이다.

주인공이 하늘을 부유하듯이 떠다니는 장면, 캐릭터의 이미지가 계속 흔들리는 장면, 현실의 물리적 법칙이 적용되지 않는 공간 구성은 무의식의 세계와 꿈속에 있는 듯 몽환적이면서도 초현실적 회화를 보는 것 같은 느낌을 연출한다. 이러한 서사의 비선형적 흐름과 각기 독특한 회화적 느낌의 장면은 끊임없이 바뀌면서 물 흐르듯 변화한다. 배경 이미지의 정적 느낌과 공간의 동적인 장면 구성은 기이한 조합을 이루며 주인공의 심리상태를 반영한다. 로토스코프를 활용한 〈웨이킹 라이프〉의 비선형적 · 비인과적 서사 구성과 낯선 장면연출은 주인공의 심리와 의식세계를 독특하게 시각화한 것이다.

극 중 16개의 스토리 중 한 시퀀스에 등장하는 제시 역에 에단 호크(Ethan Hawke), 셀린 역에 줄리 델피(Julie Delpy) 등 유명 배우가 출연했다.

특히, 에단 호크와 줄리 델피는 링클레이터 감독의 〈비포 선라이즈(Before Sunrise)〉(1995)를 시작으로 〈비포 선셋(Before Sunset)〉(2004), 〈비포 미드나잇(Before Midnight)〉(2013)의 3연작에 20여년에 걸쳐 참여한다. 에단 호크와 줄리 델피는 로토스코프를 통해 애니메이션 캐릭터로 제작된 것이다.

이는, 실제 배우가 로토스코프를 통해 회화적 이미지와 변형된 형상으로 재탄생된 것이다. 로토스코프 기법이 단순히 실제 형상을 모방하는 표현방식에 머무는 것이 아니라 표현하고자 하는 대상을 해체하고 재구성하는 새로운 매체로서의 가능성을 보여준다. 이는 관습화된 이미지에 제한된 사실주의적 표현과 모방에서 벗어남을 의미한다. 〈웨이킹 라이프〉가 로토스코프를 이용한 사실적 형태에서 다시 허구적 스타일의 만화 애니메이션 스타일로 변용된다면, 〈스캐너 다클리〉는 로토스코프를 이용해 실제를 그대로 모방한 사실적 형태를 추구한다. 〈스캐너 다클리〉가 완벽한 사실 모방을 통해 로토스코프의 본질적 기능에 충실했다면, 〈웨이킹 라이프〉는 참여 애니메이터들의 예술적 창작이 개입되어 보다 다양하고 독특한 느낌을 전달하고 있는 것이다.

〈스캐너 다클리〉

애니메이션 영화 〈스캐너 다클리〉는 미국의 유명한 SF 소설가 필립 K. 딕(Philip K. Dick)의 1977년 동명의 원작소설을 영화화한 것이다. 작가 자신이 경험한 약물 중독과 치료 경험, 1970년대 미국 정부에 대한 음모론을 더해 SF 클리셰(cliche)를 빌려 써 내려간 작품이다. 소설가 필립은 평생 공황장애, 불안증, 환각 증상에 시달렸으며, 이러한 경험은 그만의 독특한 상상력을 갖게 했다. 그의 작품은 외계인의 침략, 초능력, 가상현실, 편집증, 음모론과 다양한 SF 요소가 등장하며 디스토피아적 세계관을 구축하고 있다. 유사한 스타일을 추구한 SF 작가들이 포스트모더니즘 성향과 사회적 부조리를 다루었다면, 필립은 거대담론에 희생되는 개인의 혼란과 심리세계를 섬세하게 묘사하고 있다. 그의 작품은 슬라보예 지젝(Slavoj Zizek), 장 보드리야르(Jean Baudrillard) 등의 비평가나 철학자뿐 아니라 지금까지 대중문화 전반에 큰 영향을 미치고 있다. 〈스캐너 다클리〉를 감독한 리처드 링클레이터(Richard Linklater)는 1960년 미국 텍사스주 휴스턴에서 태어났다. 1990년대 방황하는 미국 젊은이들의 고민과 방황을 영상에 잘 담아낸 감독으로 '선댄스 키드'라 불리우기도 한다. 링클레이터는 〈독서로 경작하는 법을 배울 수 없다(Its' Impossible to Learn Plow by

Reading Book)〉(1988)로 데뷔했으며, 이후 〈슬래커(Slacker)〉(1991), 〈스쿨 오브 락(The School of Rock)〉(2003) 등을 감독하였다.

〈스캐너 다클리〉는 약물의 위험성을 경고하는 한편, 정부의 자본주의 음모론까지 엮어들어가며, 이를 사회질서 유지에 철저하게 이용하려는 사회 집권층의 부조리를 묘사한다. 〈스캐너 다클리〉는 로토스코프 제작방식을 통해 현실 세계에 대한 사실적 묘사와 인간의 내면세계를 효과적으로 시각화했다. 〈스캐너 다클리〉는 실사촬영과 같이 24프레임으로 제작하였고, 로토스코프를 위한 환경은 영화제작과 같이 현장촬영으로 진행되었다. 로토스코프를 전제로 한 촬영으로 인해 배우가 자신의 연기 동선에 맞추어 벽면에 대사 메모지를 붙여서 연기할 정도로 실사영화 촬영과 다른 배경이 조성되었다. 실제 배우들의 촬영기간은 6주 만에 끝났지만, 로토스코프를 통한 애니메이션 작업은 18개월 간 50명의 아티스트에 의해 완성되었다.

실제 세계를 모방한 사실적 재현

극 중 연출은 로토스코핑 기법을 이용해 다양한 동작뿐 아니라 표정, 그리고 실제 배경이 완벽히 재현되었다. 등장인물인 키아누 리브스(Keanu Reeves), 위노나 라이더(Winona Ryder), 로버트 다우니 주니어(Robert Downey Jr.), 우디 해럴슨(Woody Harrelson), 로리 코크레인(Rory Cochrane) 등 할리우드의 유명 배우들이 로토스코프를 통해 그대로 재현되었다. 누구나 알 수 있는 유명 배우들을 등장시켜 실제 배우의 이미지와 스타일이 애니메이션 캐릭터로 연계되어 극 중 캐릭터의 완성도를 높인 것이다. 주인공 키아누 리브스가 참여한 전작 〈매트릭스〉를 통해 구축된 SF액션 스타일의 개성이 이 작품 속의 캐릭터에 연계된다. 위노나 라이더, 로버트 다우니 주니어, 우디 해럴슨 역시 기존 영화에서 형성된 이미지가 본 작품의 캐릭터에 연계되었다. 로토스코프 기법을 통해 실제 배우들의 외모뿐만 아니라 연기에서 오는 개성적인 습관이나 특성까지 그대로 차용하는 작업을 거치면서 사실성이 부여되었다. 실제 배우는 로토스코프를 통해 외형, 음성, 표정 및 동작, 배우의 개성과 스타일이 모방되었으며, 회화적 이미지의 형상으로 재탄생한 것이다.

주관적 진실의 표출

영화는 온몸을 기어 다니는 진딧물의 환각에 시달리는 프렉이 샤워를 반복하는 장면으로 시작된다. 약물 중독환자는 증상이 심해질수록 정체성의 혼란을 일으키게 되며, 사회적 인지장애를 겪게 된다. 환각상태에서는 이러한 비정상적 인식의 파편들이 망상의 세계에 빠져들게 한다. 이러한 망상은 자아 혼란, 기억력 상실, 동료에 대한 불신, 심리적 불안감으로 인해 인지적 장애를 일으킨다. 주인공 프레드 또한 약물 중독으로 인해 실제 사물이나 사람이 왜곡되어 보이는 환각에 빠지는데, 그의 눈에 보이는 베리스는 얼굴은 사람이지만 몸통은 바퀴벌레로 묘사되었다. 또한, 프렉은 시내에서 자동차를 운전하는 중 경찰에게 미행당하고 있다는 망상에 빠지게 된다. 경찰에게 잡혀 검문받는 중 경찰이 그의 머리를 총으로 쏘고, 머리가 터지면서 진딧물 벌레들이 기어 나오는 파괴적 상상을 하게 된다. 이는 '경찰의 검문'이라는 피해망상과 '진딧물'이라는 상상의 기제가 약물중독자의 비정상적인 내면세계를 표현하고 있는 것이다. 제작자의 상상력과 자의적 해석을 통해 인간 내면의 정신세계와 심리상태를 애니메이션을 통해 시각 영상화하고 있는 것이다. 이러한 약물중독자의 눈에 보이는 비현실적 세상을 묘사한 것은 다른 장면으로 이어진다. 커다란 머리에 수많은 눈이 달린 저승사자의 등장은 외계인을 연상하듯 괴이한 모습으로 표현된다. 이러한 진딧물 벌레와 괴기스러운 형상의 저승사자는 인물의 비정상적인 내면세계를 보여주는 상징적인 이미지 기호이다. 이러한 이미지의 도상을 통해 상황에 내재된 의미를 효과적으로 표출하고 있는 것이다. 이러한 비현실적 장면을 실사영화로 표현한다면 더 많은 기술적 요소와 합성효과가 따라야 했을 것이다.

극 중에 등장하는 '스크램블 수트'는 SF라는 장르를 잘 표현하는 영화적 장치이다. 특수한 홀로그램 기능이 있는 스크램블 수트는 머리카락, 눈, 코, 입 등 다양한 얼굴 요소가 각각의 부호처럼 끊임없이 변화되며 조합된다. 이처럼 얼굴 형상의 끊임없는 변화는 자신을 타자화시키고, 타인으로부터 숨기는 기능을 하게 된다. 이러한 인지적 혼란은 같은 수사관들끼리도 서로를 알 수 없게 하는 교란적 도구로 작용한다. 스크램블 수트라는 설정은 약물 부작용으로 인한 이중적 자아의 혼란을 겪는 프레드의 정신 붕괴와 자아 정체성의 혼란을 상징적으로 표현한다. 또한 '가족'이라는 과거의 기억에 대해서도 의심하는 주인공의 심리상태를 묘사하는 매개로 작용된다. 이러한 허구적인 설정은 원작자 필립 K. 딕의 작품 중에서 영화로 제작된 〈마이너리티 리포트(Minority Report)〉(2002)와 〈토탈리콜(Total Recall)〉(2013)에서도 유사한 설정을 발견할 수 있다. 자신의 안구를 적출한 뒤 타인의 것을 이식하여 신분 발각의 위험을 벗어난다는 SF 장면 연출과 고객이 원하는 환상을 꿈을 통해 기억에 심어준다는 설정이다.

극 중의 홀로그램 스캐너와 도청 감시실은 허구적 소재로, 고도로 발전한 기술들이 오히려 인간을 감시하는 도구로 활용된다. 이는 원작 소설가인 필립의 디스토피아적 작품관이 드러나며, 애니메이션을 통해 가상의 환경들이 시각화된 것이다.

실사촬영을 통해 필름 프레임에 담긴 극 중 배경과 등장인물들은 모두 로토스코프 기법을 통해 애니메이션 이미지로 전환되었다. 실제 배우의 특징적인 이미지를 그대로 유지하지만 실사촬영에서 오는 섬세한 색과 질감이 애니메이션 전환과정을 거치면서 단순해진다. 극 중 캐릭터를 연기한 로버트 다우니 주니어와 우디 해럴슨 키아누 리브스의 얼굴뿐만 아니라 전체적인 외향, 복장과 액세서리까지 묘사되었다. 이러한 외적 이미지와 그들의 개성적인 연기에서 오는 습관과 표정 등을 그대로 재현함으로써 캐릭터의 완성도를 높이고 있다. 이를 통해 허구의 캐릭터이지만 실제 배우와 연계하여 초사실적 캐릭터로 거듭난 것이다.

로토스코프를 통한 실제 배경 재현

극 중 배경은 캘리포니아 애너하임(Anaheim) 지역이다. 실제 도로와 마을, 식당 등을 로토스코프를 통해 그대로 묘사하였다. 관객은 영상 속의 건축물과 지역의 이미지들을 실제 존재하는 시공간으로 받아들이게 된다. 실사 촬영을 통한 이미지 못지않게 로토스코프 기법으로 모방된 배경 또한 관객의 인식적 연계를 통해 실사영화를 보는 듯한 느낌을 가질 수 있다. 이러한 이미지들은 애니메이션이라는 허구적인 특성이 있지만, 실제 현실의 것을 차용했으므로 실사의 특성 또한 함께 내재하고 있음을 알 수 있다. 이러한 로토스코프 기법은 실사촬영을 통해 필름 프레임 안에 기록된 실제 이미지를 바탕으로 제작되며, 이는 실세계에 대한 모방을 통해 허구적 실제를 창조한다.

로토스코프의 예술적 의의

애니메이션 로토스코프 기법은 만화 애니메이션의 초기 단계에서 캐릭터의 사실적인 동작을 재현하기 위해 플라이셔 형제가 개발하였다. 이후 로토스코프는 예술성이 결여되었다는 비판을 받았지만, 〈백설공주와 일곱난쟁이〉 등 많은 애니메이션 영화에서 사용되며 꾸준히 활용되어 왔다. 특히, 최근 이슈가 된 애니메이티드 다큐멘터리와 초사실적 표현의 애니메이션에 사용되면서 로토스코프의 새로운 대중 영상미학의 영역을 넓히는 데 그 가치를 더하고 있다. 로토스코프 기법은 실사촬영 이미지의 형태를 그대로 베끼는 작업으로 사실적 재현을 가능케 한다. 하지만, 〈웨이킹 라이프〉의 경우 여러 아티스트에 의해 실사촬영 이미지는 다양한 스타일의 애니메이션 이미지로 구현되었으며, 각각의 독특한 표현은 해당 시퀀스의 콘셉트를 드러내는 데 미학적으로 작용했다. 그뿐만 아니라 〈스캐너 다클리〉의 경우 키아누 리브스 등 유명 영화배우를 애니메이션으로 구현함으로써 실제 배우의 이미지를 연계하여 극사실적 캐릭터를 구축하였다. 또한, 애니메이션이 갖는 자유로운 표현은 눈에 보이지 않는 인간의 정신세계, 상황에 내재된 진실, 인간의 무의식의 세계를 시각영상화함으로써 링클레이터가 추구하는 작품 의도를 실현한 것이다. 이러한 로토스코프와 애니메이션이 갖는 표현 특성이 실사 촬영 영화가 갖는 한계를 벗어나 실세계의 객관적 사실성과 정신세계의 주관적 진실을 동시에 표현할 수 있다. 이 두 가지 표현 특성은 링클레이터의 영화 세계와 작품관을 실현하는 데 기능적 · 미학적으로 작용한 것이다.

05

초현실주의 애니메이션

- 초현실주의
- 초현실주의 회화 작품
- 초현실주의 영화
- 영상예술 매체로서의 컴퓨터 애니메이션
- 초현실주의 애니메이션
- 퀘이 형제의 〈악어의 거리〉
- CG로 구현된 초현실주의 애니메이션 〈The End〉와 〈Ryan〉
- 곤 사토시의 〈파프리카〉
- 초현실주의와 애니메이션의 혼성

초현실주의

초현실주의는 미술, 문학, 사회 등 다양한 분야에서 합리주의에 대한 저항과 인간 본성의 자유를 주창한 20세기 예술사조 중 하나이다. '초현실주의'라는 용어는 1917년 기욤 아폴리네르(Guillaume Apollinaire)가 처음 사용했으며, 앙드레 브르통(Andre Breton)에 의해 구체적으로 전개된다. 1924년 앙드레 브르통은《쉬르레알리슴 선언》에서 "마음의 순수한 자연현상으로서 (중략) 이성에 의한 어떤 감독도 받지 않고, 심미적인 또는 윤리적인 관심을 완전히 떠나서 행해지는 사고의 받아쓰기"라고 선언했다. 이에 대해 리드(Read)는 "브르통에 의해 다듬어진 초현실주의는 비종교적인 형이상학이며, 동시에 퇴폐적인 모럴, 영적 성격을 가지고 있지 않은 신비주의, 현실 세계에 대항하는 투쟁수단"이라고 주장하였다. 초현실주의는 합리성과 사실성을 바탕으로 한 기존 사실주의 화풍에 반하는 아방가르드적 예술 의지이다. 이는 기존 질서와 관념적 의식에 반하는 접근으로, 그 어떠한 조건과 제약을 벗어난 해방된 자유의지의 표출이다. 초현실주의는 이러한 인간 문명의 허위와 위선에 대한 성찰적 관점을 전위적인 예술 작풍을 통해 표명하고자 하는 예술적 담론인 것이다.

초현실주의의 기원은 다다이즘에서 찾을 수 있는데, 제1차 세계대전 중인 1915년 스위스 취리히에서 시작한 반이성, 반도덕의 예술사조에 바탕을 둔다. 초현실주의는 심리학자 지그문트 프로이트(Sigmund Freud)의 정신분석의 영향을 받아 무의식의 상태, 꿈의 세계 등 이성(理性)의 지배에서 벗어난 공상과 환상의 느낌을 표현하는 것을 중시한다. 초현실주의 예술은 비현실주의적 · 비물질주의적 관점에서 물리적 법칙에 지배받는 실제 세상을 해체하고 재구성함으로써 무의식 속의 파편화된 이미지와 그 내면적 의미를 표현하고자 한 것이다. 전통적 회화 작풍을 거부하고, 논리적 억압과 합리성의 지배를 벗어난 작가의 본성적 표현을 중시하며, 이러한 맥락에서 비윤리주의와 비합리주의를 예찬하게 된다. 초현실주의의 성향은 에로티시즘과 결합하며 비도덕적인 특성을 갖게 된다. 이러한 자유로운 인간 본성의 표현의지와 무의식적 자동작용을 통해 이미지를 구성하는 것을'자동기술법(automatism)'이라 하며, 초현실주의 예술의 근간을 이루게 된다. 표현기법에 있어서 콜라주 같은 새로운 방식이나 기존과 다른 오브제를 사용한 실험적 표현이 시도된다.

초현실주의 회화 작풍

막스 에른스트(Max Ernst)의 〈플레이아데스(Pleiades)〉(1920)를 보면, 머리가 없는 기괴한 모습과 신체 일부가 왜곡된 기형적 형태로 묘사되었다. 공중에 부양된 듯한 구도를 통해 실제 물리적 세상의 중력 법칙에서 벗어난 왜곡된 이미지로 구성된다. 여성의 신체를 낯선 배경과 이질적으로 배치함으로써 서로 다른 존재와 배경의 이미지가 충돌하며, 이에 대한 낯선 느낌과 신비로움을 유발한다. 이러한 낯선 맥락에서 소재를 배치하는 것을 '데페이즈망(dépaysement)'이라 한다. 에른스트는 콜라주 기법과 데페이즈망을 통해 꿈과 현실을 중첩한 듯한 몽환적 이미지를 표현한 것이다. 초현실주의 회화에서 주로 사용하는 표현기법에는 콜라주(collage), 데칼코마니(decalcomanie), 프로타주(frottage), 그라타주(grattage)가 있다. 콜라주는 '풀로 붙이다'라는 뜻으로, 1912년경 피카소 등이 캔버스 유화의 한 부분에 신문지나 벽지, 잡지의 일부를 풀로 붙였는데 이를 '파피에 콜레'라고 부르며 콜라주의 유래가 된다. 콜라주의 특징은 상호 이질적이고 모순적인 이미지를 붙여 신비스러운 느낌을 유도한다. 데칼코마니는 종이의 한쪽 면에 물감을 바르고 반으로 접은 다음 짓눌러 양쪽으로 대칭되게 복사하는 회화기법이다. 르네 프랑수아 길랭 마그리트(René François

Ghislain Magritte)의 〈데칼코마니(Decalcomanie)〉(1966)는 제목에서 말하듯이 데칼코마니 기법을 적용한 대표적인 그림이다.

프로타주는 바위나 나무 등 거친 표면에 종이를 대고 연필로 문질러서 얻는 질감과 이미지다. 프로타주 기법으로 제작한 에른스트의 〈박물지(Histoire Naturelle)〉(1926)가 대표적인 작품 중 하나다. 프로타주는 에른스트가 자동기술법에 기초하여 아무런 제한 없이 다양한 재료를 사용하다가 얻은 우연한 효과이며, 이를 유화에 적용하여 표현한 것이다. 그라타주는 화폭에 색을 두껍게 칠하고 다양한 도구를 이용하여 긁어내어 표현하는 회화기법이다. 〈숲과 비둘기(Forest and Dove)〉(1927)는 막스 에른스트가 어릴 적 느낀 숲의 고독과 정적 그리고 어두운 풍경에 대한 기억을 그라타주를 이용하여 표현한 작품이다. 에른스트의 과거 기억은 기묘한 상상과 초현실주의적 표현기법을 통해 신비스러운 느낌을 유발하고 있다. 대표적인 초현실주의 화가인 살바도르 달리(Salvador Dali)의 〈내란의 예감(Premonition of Civil War)〉(1936)은 데페이즈망을 이용하여 인간의 신체 왜곡과 소재 간 이질적 배치로 구성되었다. 묘사된 인체는 기형적 형상으로 재구성되었지만, 각 신체 부위는 매우 사실적으로 묘사되었다. 달리가 스페인 내란을 예감하여 느낀 공포와 두려움을 초현실주의 기법을 통해 악몽을 보는 듯한 몽환적 이미지로 표현한 것이다. 르네 마그리트(René Magritte)의 〈인간의 조건(The human condition)〉(1935)은 현실 세계에서 접할 수 없는 공간구성을 표현하였다. 그림은 바다, 구, 이젤, 캔버스, 그리고 기하학적 도형을 연상하는 듯한 건물 벽면으로 구성되었다. 현실 세계에서 접할 수 있는 실제의 사물들이지만, 대상에 대한 이질적 배치를 통해 구성요소 간 상치된 느낌을 자아낸다.

마그리트의 〈진실의 추구(Presence of Mind)〉(1962)를 보면 새와 신사, 물고기가 나란히 병치되어 있다. 이러한 서로 연관성이 없는 사물을 한 공간에 배치함으로써 기묘한 느낌과 함께 우리가 익숙하게 알고 있던 사물에 대한 새로운 모습을 보게 된다. 물고기와 새가 신사의 양옆에 나란히 서 있는 모습은 우리가 보고 지나쳤던 사물에 대한 새로운 느낌을 창조하고, 색다른 예술작품의 소재로 재탄생한 것이다. 마그리트는 기괴한 형상을 창조하지 않는다. 우리에게 익숙한 사물을 현실에서 접하지 못한 형식으로 새로이 배치하고, 여기에서 낯선 느낌, 즉 데페이즈망을 통해 이미지를 창조한다. 또한, 마그리트는 서로 다른 사물을 하나로 혼합하여 미묘한 느낌의 형상을 창조한다. 〈올마이어의 성(Almayer's Folly)〉(1951)의 경우 오래된 고성을 위쪽에, 그리고 나무뿌리를 아래 쪽에 결합하여 새로운 사물의 형태로 표현하였다. 이보다 앞선 마그리트의 유사한 작품인 〈붉은 모델(The Red Model)〉(1935)의 경우 부츠와 인간의 발을 결합하여 표현하였다. 인간의 발도 아니고 신발도 아닌 양가적 느낌을 동시에 주며, 기존 전통 회화와는 전혀 다른 구상의 시도였다. 이러한 두 개의 소재를 하나의 오브제로 합치면서 다양한 느낌과 의미를 표출하며 한 개체 내에서 데페이즈망을 표현하였다.

마그리트의 주요 초현실주의적 기법 중 하나는 크기의 변화이다. 〈청강실(The Listening Room)〉(1958)을 보면 사과가 너무 커서 건물 안을 가득 채우고 있다. 건물과 사과의 비례가 비사실적으로 표현되어 괴이한 느낌을 받게 된다. 이는 인간이 가진 사물에 대한 관념과 상식을 벗어나면서 착란과 신비스러움이 구상적인 화폭에 의해 비현실적인 정경으로 나타난 것이다.

초현실주의 영화

1924년 앙드레 브르통이 선언한 쉬르레알리슴의 영향에 따라 초현실주의 예술 활동이 활발하게 전개되었고, 이는 영화에도 영향을 미치게 된다. 초현실주의 영화는 '아방가르드(前衛映畵) 영화'라고도 불리는데, 프랑스와 독일을 중심으로 상업주의 영화에 반발하는 순수 예술운동으로 시작되었다. 초현실주의 영화는 영화 이론, 제작, 비평 분야를 중심으로 전개되었으며, 제작의 주요 표현 기법은 극적 심리학의 거부, 화면의 병치, 충격적인 이미지의 빈번한 사용 등을 들 수 있다. 초현실주의 영화의 핵심은 정치, 사회, 종교 등 기존 사회체계의 테두리에서 벗어나기 위해서 관습을 부정하고 삶의 부조화에서 빚어지는 상황에 집중해야 한다는 데 있다.[1] 마이클 리처드슨(Michael Richardson)은 그의 저서 《초현실주의와 영화(Surrealism and Cinema)》(2006) 서문에서 "초현실주의는 초현실로 정의된 마법의 세계를 떠올리게 하는 것이 아니라 서로 다른 존재 영역을 접합시키는 것"이라고 주장하였다. 또한, 초현실주의는 "도착보다는 출발

1 http://daily.hankooki.com/lpage/entv

이며, 비이성적 이미지와 잠재의식을 유도하는 것"이라고 정의하였다.[2]

초기 초현실주의 영화로 〈발레 메카닉(Ballet mécanique)〉(1924), 〈막간(Entr'acte)〉(1924), 〈바다 조개와 성직자(The seashell and the clergyman)〉(1928) 등을 들 수 있다. 페르낭 레제(Fernand Leger)와 더들리 머피(Dudley Murphy) 감독의 〈발레 메카닉〉은 정원에서 한 여성이 그네를 타고 있는데 그 주변을 탄창, 기어, 피스톤이 허공에서 돌고 있고, 머리 위로 자동차가 지나가는 등 정원을 중심으로 기계적이고 반복적인 이미지가 펼쳐진다. 초현실주의의 원리인 자동기술법에 따라 이지(理知)를 배제하고 다양한 사물의 병치와 낯선 오브제의 반복 사용을 통해 초현실적 공간을 구성한 것이다. 1928년 앙토냉 아르토(Antonin Artaud)가 시나리오를 쓰고 제르맹 뒬락(Germaine Dulac)이 감독한 〈바다 조개와 성직자〉가 제작된다. 엄숙한 성직자가 퇴폐적이고 말초적인 쾌락을 갈망한다는 내용으로, 비윤리적이며 관습의 틀을 깨는 메시지를 전달한다. 초현실주의와 에로티시즘의 성향이 엿보이는 작품이다. 스페인 감독 루이스 부뉴엘(Luis Buñuel)은 "우리는 온갖 부조리가 난무하는 세상에 살고 있다는 것을 증명하기 위해 영화를 만들고 있다"라고 주장하며 전위영화운동의 사상을 상징적으로 보여준다. 감독이자 배우로 출연한 루이스 부뉴엘은 초현실주의 화가 살바도르 달리(Salvador Dalí)와 함께 〈안달루시아의 개(Un Chien Andalou)〉(1928)를 제작한다.

당시 루이스 부뉴엘은 28세 였고 살바도르 달리는 24세로 당대 유명한 두 스페인 예술인이 함께 제작 한 작품이다. 〈안달루시아의 개〉는 특별한 줄거리도 없고, 이야기 흐름에 연계성도 없다. 극 중 중년 남자는

2 www.dailyost.com

발코니에서 면도날로 엄지손가락을 태연히 베고, 젊은 여성의 눈을 면도칼로 베는 장면이 적나라하게 묘사된다. 시내의 거리에서 아무런 개연성 없이 군중들 속에서 잘린 손목을 이리저리 굴리는 장면도 연출된다. 이러한 신체 손상과 이해하기 어려운 기괴한 장면을 통해 관객은 불편한 감정을 갖게 되고, 착란과 몽환적 꿈이 중첩되는 비현실적 영상이 전개된다. 〈안달루시아의 개〉는 일반 극영화와 달리 하나의 공간이 완전히 다른 의미의 공간으로 연계되며, 일상의 공간과 사물에 대한 기존 인간의 이성과 합리적 인식을 부정하고 해체한다. 스토리의 개연성을 무시하고 이미지의 연상작용만을 통해 영상을 구성한다. 이는 다다이즘에 기원한 전위영화운동이 초현실주의의 예술성과 사상을 통해 영상이 구성된 것이다. 2주 만에 제작된 〈안달루시아의 개〉는 관객에게 충격과 기괴함, 경악, 기쁨 등의 상반된 감정을 안겨주며 큰 화제가 되었다.

1930년 루이스 부뉴엘 감독은 자신의 두 번째 초현실주의 영화 〈황금시대(L'Age d'Or)〉를 제작한다. 루이스 부뉴엘은 〈황금시대〉를 통해 가톨릭 교회의 도덕적 위선과 부르주아 사회의 부조리에 대해 초현실주의 기법을 이용하여 은유적으로 조소하며, 성적 본능과 신성모독의 메시지를 담아냈다. 부뉴엘은 〈황금시대〉에 대해 "이 영화의 본질을 형성하는 것은 성적 본능과 죽음의 인식이다. 이것은 전적으로 초현실주의적 광기 속에서 만들어진 낭만적인 영화다"라고 주장하였다. 1950년 부뉴엘은 〈잊혀진 사람들(Los Olvidados)〉(1950)을 통해 멕시코 빈민가를 배경으로 가정으로부터 버림받은 소년들의 탈선과 심리를 초현실주의적 영상으로 표현한다. 에스파냐계 멕시코인인 루이스 부뉴엘은 멕시코 빈민가의 소외된 계층의 삶을 매우 사실적이면서도 냉혹하게, 그리고 시적 영상으로 묘사했다. 부뉴엘은 이 영화를 통해 사랑받지 못한 아이들의 잔혹하고 슬픈 삶을 표현하고, 역설적으로 인간의 존엄성을 강조한다. 앙드레 바쟁은 〈잊혀진 사람들〉에 대해 "사랑에 관한 영화이자 사랑을 필요로 하는 영화"라고 언급하였다. 삶의 어려움 속에서도 사랑은 언제나 숭고한 미덕임을 지적한 것이다. 부뉴엘이 직접 시나리오와 연출을 할 정도로 그의 예술적 사유와 열정, 그리고 현실을 바라보는 통찰력이 돋보이는 작품으로 1951년 칸영화제 감독상을 수상하였다. 이후 1972년 만찬에 초대받은 상류층의 사람들이 예기치 못한 사건에 휘말리는 초현실주의 코미디 영화 〈부르주아의 은밀한 매력(Le Charme Discret De La Bourgeoisie)〉(1972)을 제작한다. 꿈과 현실의 모호한 경계를 오가는 영상구성을 통해 부르주아 상류계층의 부조리와 위선을 풍자하였다.

독일의 화가이자 전위영화 감독인 한스 리히터(Hans Richter)는 초현주의 예술가인 마르셀 뒤샹(Marcel Duchamp), 막스 에른스트(Max Ernst), 만 레이(Man Ray), 알렉산더 코르더(Alexander Korda), 페르낭 레제(Fernand Lèger) 등과 함께 실험 장편영화 〈돈으로 살 수 있는 꿈(Dreams That Money Can Buy), 1947〉을 제작한다. 아방가르드 작곡가로 잘 알려진 존 케이지(John Cage)가 마르셀 뒤샹을 위해 이 영화의 음악을 작곡하였다. 이 영화는 '꿈과 현실을 혼합한 이야기(Story of dreams mixed with reality)'라는 문구로 시작된다. 인간이 자신의 꿈을 통해 내면의 세계를 들여다보려는 자아관음적 욕망에 대한 내용을 담고 있다. 1947년 베니스영화제에서 영화 발전에 기여한 공로로 최우수 작품상을 수상한다.

알프레드 히치콕(Alfred Hitchcock) 감독은 정신병원 의사와 살인 혐의의 누명을 쓴 기억상실증 환자의 이야기를 다룬 심리영화 〈스펠바운드(Spellbound)〉(1945)를 제작한다. 프로이트의 심리학에 기반하여 꿈을 통해 범죄 사건을 해결해가는 영화이다. 극 중 꿈속의 장면은 살바도르 달리가 디자인한 초현실주의 영상으로 구성된다. 프로이트의 꿈 이론을 통한 서사 전개와 함께 초현실주의 장면구성이 효과적으로 심리상태를 묘사하고 있다. 당시 인기 배우인 그레고리 펙과 잉그리드 버그만이 주연을 맡았다. 유럽의 초현실주의 영화의 전통을 잇는 데이비드 린치(David Lynch)는 〈이레이저 헤드(Eraserhead)〉(1977), 〈블루 벨벳(Blue Velvet)〉(1986), 〈트윈 픽스(Twin Peaks)〉(1992), 〈로스트 하이웨이(Lost Highway)〉(1996) 등을 제작했다. 데이비드 린치는 심리분석적 주제와 인간 내면의 잠재의식에 대한 표현을 시도했으며, 초현실주의의 무의식 세계를 몽환적으로 표현하고 있다. 〈이레이저 헤드〉는 여자 친구가 낳은 기괴할 정도로 머리가 큰 아기의 울음소리에 시달리다가 그 아기를 살해하는 내용으로 악몽을 꾸는 듯 매우 충격적인 느낌으로 당시 젊은층에게 큰 반향을 불러일으킨 작품이다. 아방가르드의 명맥을 잇는 데이비드 린치의 영화는 이상한 스토리와 꿈을 꾸는 듯한 미스터리한 이야기로 인간의 원초적 탐욕과 본성을 표현하고 있다.

영상예술 매체로서의 컴퓨터 애니메이션

애니메이션은 예술의 가치와 함께 인간에 대한 인문학적 관심을 저변에 두고 있으면서 더욱 다양한 표현방식으로 새로운 문화 시대를 열어가고 있다.[3] 디지털 애니메이션은 기존의 전통적인 예술 표현방식을 넘어서 인간이 상상하는 어떠한 이미지도 스크린에 표현할 수 있다. 이는 예술가들의 새로운 표현 도구로 새로운 시각영상예술의 매체적 기능을 하게 된다. 애니메이션을 통한 영상예술의 특성은 첫째, 다른 예술 매체에 비해 실 세계에서 존재하는 대상에 대한 묘사가 매우 입체적이며 사실적이다. 또한, 창작의 한계를 넘어 어떠한 비현실적인 상상의 이미지도 표현할 수 있다. 이는 실사촬영이나 사진 이미지와 달리 제작자가 의도하는 형상을 환상적이고 환영적으로 시각화할 수 있음을 의미한다. 둘째, 컴퓨터 애니메이션은 전통 회화작가들이 화폭에 실현하고자 한 움직임의 미학을 구현했다. 1908년 이탈리아 시인 마리네티(Filippo Tomaso

3 박윤호 · 김재웅, 〈헨리셀릭의 애니메이션에 나타난 데페이즈망 기법〉, 《한국콘텐츠학회》 10(7), 2010.

Marinetti)는 미래파 선언을 통해 정적 이미지를 부정하고 기계사회의 속도감을 예찬했으며, 연속동작의 표현을 미래적 가치로 주창하였다. 또한, 나움 가보(Naum Gabo)와 앙투안 페브스너(Antoine Pevsner) 형제는 1920년 리얼리스트 선언에서 "우리는 우리가 실제의 시간을 지각하는 기본 형식으로서, 움직이는 리듬이 조각과 회화예술에서 새로운 요소임을 확인한다"라고 했다.[4] 이러한 동적 이미지에 대한 염원과 시도는 마르셀 뒤샹의 〈계단을 내려오는 나부(Nude Descending a Staircase)〉(1912), 자코모 발라(Giacomo Balla)의 〈끈에 묶인 개의 역동성(Dynamism of a Dog on a Leash)〉(1912), 움베르토 보치오니(Umberto Boccioni)의 〈마음의 상태(State of Mind)〉(1911)에서 동작의 연속적 잔상을 그림으로 표현하여 캔버스에 담고자 했다. 이는 정적 이미지에서 벗어나 시간의 흐름에 따른 이미지의 변화를 표현하고자 하는 새로운 미학의 시도였다. 하지만 영상이 아닌 순간을 포착하여 그린 정적인 이미지는 그 표현 방식과 매체에서 한계를 갖는다. 이러한 '움직임'에 대한 미학적 염원은 시간에 따른 이미지의 변화와 움직임을 영상으로 구현한 컴퓨터 애니메이션으로 구현되고 있다. 이는 컴퓨터그래픽이 가상공간에서 시간과 공간에 대한 조작과 재구성이 용이하기 때문이다.

셋째, 컴퓨터 애니메이션의 사실적인 사운드 효과다. 바쟁(1967)이 언급했듯이 영상과 사운드의 기계적 통합은 실제 세계를 더욱 완벽하게 모방하며,[5] 한 단계 더 진보된 영상 리얼리즘을 구축하고 있기 때문이다. 대사, 음향, 음악으로 구성되는 사운드 효과는 화면 이미지와 연상관계를 구축하며, 극의 맥락을 효과적으로 보조한다. 영상에 사운드를 삽

4 N. Gabo, Gabo: Constructions, Sculpture, Paintings, Drawings, Engravings, London: Lund Humphries, 1957.

5 A. Bazin, From What is Cinema?, University of California Press, 2005.

입한 최초의 유성영화는 앨런 크로스랜드(Alan Crosland) 감독의 〈재즈 가수(The Jazz Singer)〉다. 사운드 도입은 영화 발전사에서 획기적이고 중요한 의미를 갖는다. 이러한 기술적 장치는 1928년 디즈니의 최초 유성 애니메이션 영화 〈증기선 윌리〉로 이어진다. 미키 마우스의 이미지는 음향효과를 통해 더욱 생명력 있는 캐릭터로 창조되었으며, 상황에 대한 더욱 사실적 느낌을 연출할 수 있게 해준다. 초현실주의 애니메이션의 예술적 기능을 요약하면, 작가가 원하는 형상에 대한 자유로운 표현, 대상의 움직임 구현, 사운드 효과다. 이는 애니메이션이 인간 내면의 무의식에 잠재된 환영적 형상을 콜라주, 공간의 중첩, 이질적 대상의 병렬배치 등 초현실적 표현에 적합하기 때문이다. 또한, 기존과 다른 예술 매체로 실제 물리적 세계를 영상 속에서 재현하며, 가상공간과 실제 세계의 경계를 오가는 표현 특성에 바탕을 두기 때문이다.

초현실주의 애니메이션

실사촬영과 달리 애니메이션은 창조적 표현의 자유로움으로 인해 어떠한 상상의 이미지도 구현할 수 있다. 이는 인간의 심리상태나 상황에 내재된 의미를 제작자의 해석에 따라 초현실주의 표현이 가능함을 의미한다. 애니메이션은 예술가의 표현언어를 더욱 확장할 수 있을 뿐 아니라 다양한 조형적 요소와 표현방식을 조합하기도 하고, 초현실주의적인 인간사고의 영역도 확대할 수 있게 한다.[6] 초현실주의 애니메이션은 만 레이, 로버트 브리어(Robert Breer) 등의 작가들에 의해 미국의 아방가르드 성향을 보이며 시작되었다. 초기 초현실주의 애니메이션으로 해리 스미스(Harry Smith)의 66분 분량의 〈헤븐 앤 어스 매직(Heaven and Earth Magic)〉(1962)을 들 수 있다. 해리 스미스는 영화, 회화, 음악 등 다양한 예술 분야에 전문지식을 가진 작가로서 그의 작품은 초현실주의, 구성주의, 신비주의의 특성을 드러낸다. 특히, 그의 초기 작품은 오스카 피싱거(Oskar Fischinger)의 영향을 받아 추상적 표현에 치중했고, 갈수록 신비주

6 김재원, 〈애니메이션과 초현실주의 회화에서 연계된 메타모포시스에 관한 연구〉, 《한국디자인포럼》 19, 2008.

의적 작품으로 바뀌게 된다. 스미스는 컷아웃 방식을 주로 사용했으며, 사진이나 그림 이미지를 오려 사용하는 콜라주 기법을 활용한다. 이러한 제작방식을 통해 캐릭터의 움직임을 연출하는 애니메이션이 아닌 스틸 이미지가 정지해 있는 '정지 프레임들(freeze frames)' 형식으로 표현한다. 스미스의 〈헤븐 앤 어스 매직〉은 사람, 해골, 망치, 수박, 건축구조물, 이집트 미라 등의 이미지를 사용했으며, 이러한 구성은 민속주의적이면서도 영국 빅토리아 시기의 다양한 문화적 이미지를 연상케 한다. 등장하는 소재의 이미지 자체를 강조하고, 주술적이고 오컬트적 영상 연출을 통해 이질적이고 정적인 느낌을 연출한다. 서사의 비연속성, 부조화스러운 이미지들의 병렬배치, 그리고 신화적이며 기계적인 이미지 간의 비연계적 구성을 통해 초현실주의의 데페이즈망을 표현한다. 선형적인 서사 흐름을 배제하고 단순한 이미지의 배열과 변화, 그리고 기계적인 사운드의 반복은 낯선 맥락과 부조리한 연상관계를 구축한다. 이러한 초현실주의 애니메이션은 캔버스에 그리던 전통 회화와 달리 프레임 바이 프레임의 영상 구성, 그리고 사운드 효과와 더불어 독창적인 영상미학이 시도된 것이다.

체코 출신 프랑스인 감독 르네 랄루(Rene Laloux)는 스테판 울(Stefan Wul)의 소설 《대량생산 인간》을 각색한 애니메이션 〈판타스틱 플래닛(La Planete sauvage, Fantastic Planet)〉(1973)을 제작한다. 25명의 아티스트가 1,073개의 장면을 3년간 한 장씩 손으로 그린 페이퍼 애니메이션이다. 〈판타스틱 플래닛〉은 외계행성에서 거인족(트라그)의 지배를 받는 작은 인간(옴족)을 애완동물처럼 묘사했고, 인간인 옴족이 거인족의 지배에 항거하는 공상과학의 내용을 담고 있다. 극 중에 연출되는 낯선 생명체들의 외양 묘사와 인간과의 공존, 실제 인간문명과 동떨어진 기이한 환경과 미지적인 행성의 모습은 초현실주의 감성을 자극한다. 이러한 시각적 · 서사적 낯설음은 초현실주의의 데페이즈망으로 설명할 수 있다. 이 작품은 영화를 통해 정치체제에 대한 반발과 억압된 인간성의 회복이라는 메시지를 담고 있으며, 1973년 칸영화제 경쟁부문에 진출하여 심사위원 특별상을 수상했다.

체코의 대표적인 감독인 얀 슈반크마예르(Jan Svankmajer)는 카렐 제만(Karel Zeman), 이지 트릉카(Jiri Trnka)의 뒤를 이어 체코의 퍼펫 애니메이션을 예술적으로 계승한 유럽 최고의 애니메이션 거장이다. 얀 슈반크마예르는 영화, 조각, 회화, 설치미술 등 다양한 예술 활동을 통해 아방가르드 스타일의 예술을 확립했다. 1964년 〈마지막 속삭임(The Last Trick)〉을 첫 번째 영화로 하여 이후 〈자연의 역사, 조곡(Historia Naturae, Suita)〉(1967), 〈방(The Flat)〉(1968), 〈대화의 가능성(Dimensions of Dialogue)〉(1982), 〈앨리스(Alice)〉(1988), 〈어둠, 빛, 어둠(Darkness, Light, Darkness)〉(1989), 〈죽음의 식탁(Food)〉(1992), 〈살아남은 삶(Surviving Life)〉(2010) 등 독특한 스타일의 영화와 애니메이션을 제작하였으며, 가장 진보적인 애니메이션 감독 중 한 명으로 평가받고 있다. 얀 슈반크메예르는 자신의 작품관에 대해 다음과 같이 언급했다.

> "만약 내 작품 전체를 한 단어, 조형적인 단어가 아니라 내면적인 어떤 한 단어로 정의해야 한다면, 고뇌와 고통으로부터의 해방이라고 말하고 싶다. (중략) 아주 오래된 마술책에는 악마나 유령을 쫓아버리고 싶으면 이름을 찾아내서 그 이름을 말해야 한다고 쓰여 있었던 것으로 기억한다. 지금 생각해보니 그것이 내가 고통으로부터 해방되기 위해 사용하던 방법이다. 나는 작품에서 내가 겪는 고통에 이름을 부

여했다."[7]

얀 슈반크마예르는 그가 느꼈던 내면의 고뇌와 고통을 초현실주의 예술을 통해 표출하고, 소통하며 그만의 독특한 작품관을 창조한 것이다.

얀 슈반크마예르의 대표적인 작품 〈대화의 가능성〉은 세계 애니메이션 역사에 걸작으로 알려진 애니메이션이다. 〈대화의 가능성〉은 진흙을 이용한 스톱모션 애니메이션 방식으로 제작되었다. 그로테스크한 장면연출과 이질적 소재 간의 공존을 통해 초현실주의 데페이즈망을 표현한다. 〈대화의 가능성〉은 총 3부로 구성되었는데, 1부 '영원의 대화'는 다양한 주방기구, 채소, 문구류, 진흙으로 만든 얼굴 등이 등장한다. 진흙으로 만든 두상이 마주 보고 배치되는데, 서로를 짓누르고 파괴하며 형태의 기이한 변형과 조합을 통해 부조리한 상황을 연출한다. 이를 통해 인간의 소외와 관계의 상실 그리고 기계화된 사회의 억압된 구조에 대한 비판적 메시지를 담고 있다. 2부 '정열의 대화'는 진흙으로 만들어진 남녀의 상반신이 서로 결합하고 파괴되는 과정을 보여준다. 3부 '불모의 대화'는 처음에는 서로를 이해하고 존중하지만, 결국 대화의 단절로 인해 서로를 파괴하고, 결국 스스로도 파멸되는 과정을 담고 있다. 얀 슈반크마예르의 〈대화의 가능성〉은 초현실주의 애니메이션의 새로운 조형효과와 미학을 창출했으며, 이러한 그의 독특한 예술관과 애니메이션 작품들은 팀 버튼(Tim Burton), 테리 길리엄(Terry Gilliam), 퀘이 형제(Quay Brothers)에게 영향을 미친다.

1988년 얀 슈반크마예르는 실사촬영과 애니메이션을 혼합한 〈앨

---

7 베르나르 제넹, 앞의 책.

리스〉를 제작한다. 《이상한 나라의 앨리스》를 원작으로 한 작품으로 그로테스크하고, 신비스러운 분위기를 연출한다. 월트 디즈니에서 제작한 〈이상한 나라의 앨리스(Alice in Wonderland)〉(1951)가 어린이를 위한 환상적이고 신비한 모험을 그린 애니메이션이었다면, 얀 슈반크마예르의 〈앨리스〉는 공포와 불길한 분위기가 기저에 흐르는 영화이다. 필립 톰슨(Philip Thomson)은 그로테스크(the grotesque)는 "양립할 수 없는 것들의 해결 안 된 충돌"이며, "양면성이 공존하는 비정상"이라고 정의했다. 또한 18세기의 캐리커처 이론가였던 크리스토프 빌란트는 "초자연적이고, 모순적이며, 인간세계를 지배하는 질서가 그 안에서 파괴됨"을 뜻한다고 언급하였다. 이로 인해 그로테스크를 대하는 관찰자들의 내면에는 여러 가지 모순된 감정이 깨어난다.[8] 얀 슈반크마예르가 각색한 〈앨리스〉의 세계는 실재와 상상의 세계가 혼재되고, 생명력이 없는 인형들이 살아 움직이며, 관객에게 두려움과 공포를 안겨준다. 등장하는 인형은 낡고 찢어지거나 목이 잘린 형태로 비정상적인 형상에서 심리적 공포를 더해준다. 얀 슈반크마예르는 삶과 죽음, 과거와 미래, 실제와 상상, 소통 가능과 소통 불가능 등의 모순을 앨리스의 눈을 통해 전달한다.[9] 이처럼 그의 일련의 제작과정은 사물이나 인형, 식물, 죽은 동물 등에 생명력을 불어넣으며, 그만의 심오한 의미를 부여한다. 극 중 흰 토끼는 주인공 앨리스의 머리 위에서 캠프를 치고, 말뚝을 박으며, 머리털을 불쏘시개로 사용한다. 인간의 일반적인 상식이나 생각을 벗어난 스토리는 비현실적이며 초현실적으로 구현된다. 살아있는 사람과 생명력이 없는 사물이 만나

---

8 김윤아, 〈우는 앨리스, 불안한 앨리스, 전사 앨리스 〈이상한 나라의 앨리스〉의 영화적 변용〉, 《씨네포럼》 13, 2011.

9 김윤아, 위의 논문.

고, 현실과 꿈이 만나는 몽환적 장면이 연출된다. 이러한 그만의 예술적 관점은 인간의 심리세계에 대한 통찰력을 기반으로 도발적 상상을 영상 서사로 표현한 것이다. 그의 예술관이 더욱 깊이 있게 드러나는 작품이 바로 〈어둠, 빛, 어둠〉이다. 마찬가지로 실사촬영과 클레이 애니메이션 기법을 이용하여 제작했다. 팔, 눈, 귀, 머리, 다리 등 분리된 신체가 각각 생명력이 있는 듯 따로따로 움직이다가 서로 결합한다. 합쳐진 신체로 인간의 형상을 이루지만, 방안의 공간을 가득 채우며 절망적인 표정으로 영화는 끝난다. 육체와 감각, 그리고 이를 통해 인생에 대해 질문을 던지는 철학적 사유가 돋보이는 작품이다.

퀘이 형제의 〈악어의 거리〉

〈악어의 거리(The Street of Crocodiles)〉(1986)는 퀘이(Quay) 형제[10]가 폴란드 작가 브루노 슐츠(Bruno Schulz)의 단편소설 《계피 색깔의 상점(Cinnamon Shops)》(1934)을 각색하여 제작한 스톱모션 애니메이션이다. 이 작품은 제39회 칸영화제의 초청작으로 퀘이 형제 특유의 퍼펫 애니메이션의 기괴함과 그로테스크한 연출이 돋보이는 작품이다. 퀘이 형제는 체코의 애니메이터 얀 슈반크마예르, 최초의 초현실주의 영화 〈안달루시아의 개〉의 감독 루이스 부뉴엘, 초현실주의의 선구자인 막스 에른스트, 체코의 소설가 프란츠 카프카(Franz Kafka) 등의 예술성과 사상의 영향을 폭넓게 수용하였다. 〈악어의 거리〉에서 제시하는 세계는 명확하게 설명하기 어려운 모호한 비서사 영상연출로 구성되어 있다. 그는 독창적이고 형이상학적 작품관을 구축했으며, 팀 버튼 등의 감독에게 큰 영향을 미치기도 하였다. 퀘이 형제는 전통적으로 의인화된 인형의 동작에 기반을 둔 인형 애니메이션을 그들 특유의 초현실주의적 상상력으로 재구축함으로써 또 다른 차원의 예술적 가능성을 보여주었다.

---

10 티모시 퀘이(Timothy Quay), 스티븐 퀘이(Stephen Quay)

〈악어의 거리〉에 등장하는 인형들은 눈과 뒷머리가 없는 형상으로 기괴하고 음산한 느낌을 자아내며, 인간 내면의 불안과 억압, 공포와 마주하게 된다. 카메라 렌즈를 통해 비치는 인형의 세계는 극도로 공포스럽고 고요한 분위기를 연출하며, 강한 조명은 이러한 분위기를 더욱 강조한다. 불길한 기운이 감도는 공간에서 인형들은 단체로 타인의 신체를 공격하고 해체, 재결합하는 가해적인 행동을 연출한다. 또한, 폭력적 행동과 상반된 인형들의 무표정한 얼굴은 오히려 음산한 감정을 고조시키고, 그로테스크한 느낌을 강화한다. 이러한 부조리한 상황연출과 모호한 서사구조는 의식과 무의식을 오가는 초현실주의 분위기를 연출한다. 인간의 형상을 띤 마네킹과 인형들에게 인간이 조정되고 통제된다는 상상은 매우 파격적이다. 〈악어의 거리〉는 근대사회 억압된 개인의 현실을 인형 애니메이션의 시공간에서 펼쳐낸 작품으로 그 기저에 경이(驚異)가 깔려 있다. 이는 그들이 동유럽의 문화를 일방적으로 수용하는 단계를 넘어서 그것을 해체하고 재구성하려는 의지로 볼 수 있다.[11] 또한, 프란츠 카프카에게 영향을 받은 이 영화는 산업사회의 부조리와 불안, 인간소외, 에로티시즘 같은 사회적이고 철학적인 메시지를 전달한다.[12] 이러한 퀘이 형제의 작품 성향은 〈길가메쉬 또는 작은 빗자루(The Epic of Gilgamesh, or This Unnameable Little Broom)〉(1985), 〈해부실의 남과 여(Rehearsals for Extinct Anatomies)〉(1987), 〈벤야멘타 연구소(Institute Benjamenta)〉(1995), 〈인 앱센시아(In Absentia)〉(2000) 등의 작품으로 이어진다.

---

11 김준양, 앞의 책.

12 https://m.post.naver.com/viewer

CG로 구현된 초현실주의 애니메이션 〈The End〉와 〈Ryan〉

초현실주의의 예술성은 1990년대 이후 CG를 통해 구현되면서 새로운 형식의 표현방식과 영상구성을 보여주고 있다. 〈The End〉는 크리스 랜드레스(Chris Landreth)가 1995년 앨리어스 웨이브프런트사(Alias wave-front)에 재직 시 3D 그래픽 소프트웨어를 테스트하기 위해 제작한 첫 작품이다. CG를 이용해 제작된 〈The End〉는 매우 전위적인 작품으로 평가받았고, 초현실주의가 어떻게 CG 애니메이션에 예술적으로 적용되는지 보여주었다. 영화는 체스보드판 같은 무대에서 남녀 한 쌍이 춤추는 것으로 시작된다. 남녀 캐릭터는 혈관을 연상하는 듯한 여러 가닥의 철사로 몸의 형태를 구성하고 얼굴은 해골 위에 선글라스를 쓴 괴기스러운 모습으로 제작되었다. 공연이 끝나고, 두 남녀 캐릭터는 무엇을 할지 모른다. 이때, 크리스 랜드레스의 목소리가 들린다. 당신들은 내가 만든 애니메이션 캐릭터이고, 자신은 〈The End〉를 만든 제작자임을 알려준다. 이때 두 캐릭터는 자신들의 정체성에 대해 혼란을 느끼며, 자신들은 자유의지를 갖고 있다고 외친다. 하지만 '국가(the state)'와 '미디어(mass media)'라는 거대한 망치에 캐릭터는 파괴되고, 영화는 끝난다. 무대 뒤의 대형 화면에는 사람의 입 모양의 형상이 허공을 떠다니고, 사람 손 모양을 한 새들이 무대 위로 날아다닌다. 이러한 연관이 없는 소재의 등장은 무대에서 춤추는 캐릭터와 대조를 이룬다. 파편화된 캐릭터의 형상과 떠다니는 손, 무대의 전광판 등 이질적 소재의 배치와 공간 구성은 초현실주의의 데페이즈망을 연출한다. 또한, 낯선 것을 갖다 붙인 듯한 소재들은 초현실주의 표현기법 중 하나인 콜라주의 새로운 적용이다. 또한, 공중을 떠다니는 손 모양의 새는 양쪽이 대칭되어 데칼코마니 기법을 연상케 한다. 〈The End〉는 초현실주의의 표현기법이 어떻게 CG 애니메이션으로 구현되 었는지 보여주는 작품이다.

랜드레스는 더욱 발전된 CG 기술을 이용해 2004년 〈라이언(Ryan)〉을 제작했으며, 2005년 아카데미상을 수상한다. 〈라이언〉은 초현실주의 표현기법으로 사이코-리얼리즘(Psycho-realism)을 표현하여 꿈과 현실의 혼합을 시도하였다. 〈라이언〉은 실제 인물인 라이언 라킨(Ryan Larkin) 이야기를 다루고 있다. 라킨은 열세 살에 캐나다 Montreal School of Fine Arts에 입학한 미술 천재였으며, 애니메이터를 꿈꾸던 그는 열아홉 살에 캐나다 국립영상위원회(National Film Board of Canada)에 가입한다. 노먼 맥라렌(Norman McLaren)의 적극적인 지지를 받으며 독특한 기법과 창의적인 표현 방식으로 26세 때 아카데미 단편 애니메이션 부문 후보에 오를 정도로 주목을 받았다. 하지만 코카인과 술에 중독되어 사회적으로 몰락하고, 거리의 부랑자가 된다. 크리스 랜드레스는 이러한 라킨의 일생과 정신세계를 독특한 초현실주의 기법을 통해 CG 애니메이션으로 제작했다.

랜드레스는 분열된 정신세계를 얼굴의 일부가 타 들어간 듯한 분절된 형태와 인체 내부가 투과되어 보이는 파괴적인 형상으로 표현했다. 여러 군데 구멍이 난 얼굴과 너덜거리는 육체, 그리고 끊임없이 피워대는 담배 연기와 커다란 뿔테 안경 너머로 신경질적이고 절망적인 심리세계를 드러낸다. 스스로 정체성에 대해 혼란스러워 하는 캐릭터의 모습을 초현실주의의 데페이즈망과 콜라주 기법으로 영상화했다. 로트레아몽(Le Conte de Lautreamont)이 언급한 "여신과 우산이 해부대 위에서 우연히 만난 것처럼 아름답다'라는 초현실주의의 우연성이 제작자의 의도와 조작으로 실현되고 있는 것이다. 이러한 시각적 환상성은 컴퓨터 애니메이션의 기술적 완벽성에 기초한다. 랜드레스는 인간 신체의 왜곡과 변형으로 낯설고 신비로움을 창출했고, 무엇보다 그가 표현하고자 하는 인간의 심리세계를 초현실주의를 통해 영상화했다. 〈라이언〉은 오타와 국제 애니메이션 페스티벌(Ottawa International Animation Festival)에서 단편 그랑프리를 수상했고, 단편 애니메이션 부문에서 2005년 오스카상을 수상하는 등 영화 비평가와 관객의 주목을 받은 작품이다.

곤 사토시의 〈파프리카〉

일본인 감독 곤 사토시(今敏)는 2D 만화 애니메이션을 이용하여 초현실주의 작품 〈파프리카〉(2006)를 제작했다. 곤 사토시는 현실, 꿈, 환상의 경계를 오가는 초현실적 상황설정과 인간 내면의 무의식과 정체성의 분열 등을 다룸으로써 그만의 독특한 작품관을 구축했다. 곤 사토시는 일본의 차세대 애니메이션 감독으로 기대를 모았지만 안타깝게 47세의 젊은 나이에 요절했다. 〈파프리카〉는 심리치료를 목적으로 타인의 꿈속으로 들어갈 수 있는 DC-Mini 장치가 완성되면서 이야기가 시작된다. 정신의료종합연구소의 아쓰코 박사는 '파프리카'로 변신하여 다른 이들의 꿈속으로 들어가 심리치료를 한다. 하지만 공식사용이 허가되기 전에 DC미니가 도난당하고, 이를 찾는 과정에서 현실과 꿈의 교차 및 혼재된 공간을 오가게 된다. 〈파프리카〉에서 재현된 초현실주의적 표현의 특성을 보면, 사람이 로봇, 인형, 나무 등의 형태로 변신(메타모포시스)되거나, 사람과 사물이 혼합된 형태로 표현된다. 상반신은 인간이며, 하반신은 나무뿌리인 형태는 르네 마그리트의 〈올마이어의 성〉에서 표현된 두 사물의 혼성된 형태를 연상케 한다. 사토시의 〈파프리카〉는 크게 3개의 공간으로 구성되었으며, 현실에서 꿈으로 넘어갈 때는 공간이 뒤틀리며 휘어지는 식으로 시각화했다. 애니메이션이 갖는 환상적인 표현의 특성을 이용하여 이질적인 두 공간이 서로 중첩 및 왜곡되는 것을 표현한 것이다. 이러한 애니메이션 속 시각적 효과는 초현실주의의 특성을 드러낸다.

초현실주의와 애니메이션의 혼성

초현실주의란 인간의 정신세계, 삶과 죽음, 실제와 가상, 과거와 미래, 현실과 꿈 등 서로 상반되는 것이 동시에 존재하는 지점에서 시작된다. 이는 초현실주의가 기존 전통 회화의 질서와 이성을 부정하고, 인간의 정신세계를 표현하고자 하는 데서 기인한다. 브르통에 의해 시작된 초현실주의는 많은 예술가의 작품으로 시각화 되었고, 초현실주의 작품은 경이로움, 신비로움, 낯섦, 불안함 등 다양한 느낌을 관객에게 선사한다. 캔버스에 그려진 초현실주의는 영화로 이어져 페르낭 레제, 제르맹 뒬락, 루이스 부뉴엘 등에 의해 영상의 스크린으로 구현된다. 영화 영상의 역사와 함께하는 애니메이션 또한 자연스럽게 초현실주의를 반영한 작품을 제작하기 시작한다. 초현실주의 애니메이션은 해리 스미스, 르네 랄루, 얀 슈반크마예르, 퀘이 형제, 크리스 랜드레스, 곤 사토시 등 유명 애니메이션 감독들에 의해 작품성 높은 애니메이션으로 꾸준히 이어지고 있다. 이는 애니메이션이 형상에 대한 자유로운 표현, 사실적인 움직임의 구현, 사운드 효과에 의해 영상예술 매체로 기능하기 때문이다. 이러한 애니메이션은 초현실주의 화풍을 차용하면서 더욱 입체적이고 다양한 표현이 가능해졌다. 초현실주의 애니메이션은 예술성 높은 작품 제작으로 초현실주의 작풍을 이어가고 있으며, 초현실주의가 추구하는 경이(驚異)의 느낌을 더욱 다양한 표현을 통해 시도되고 있는 것이다.

06
수묵 애니메이션과 유화 애니메이션

- 전통 예술 작풍
- 수묵 애니메이션
- 수묵 애니메이션의 진화
- 유화 애니메이션
- 빈센트 반 고흐
- 애니메이션으로 재탄생한 고흐의 작품
- 애니메이션 제작과정
- 전통회화와 애니메이션의 혼성

전통 예술 작풍

동양의 전통 예술에 수묵화(水墨畵)가 있다면, 서구에는 유화(oil painting)가 있다. 수묵화는 문자 그대로 물과 먹을 이용하여 화선지에 농담을 조절하여 그리며, 유화는 물감을 기름에 희석하여 천으로 된 캔버스에 그린다. 수묵화와 유화는 오랜 역사를 통해 각기 독창적인 화풍과 화법을 발전시키며, 전통 예술을 대표하는 회화 양식으로 현재까지 이어지고 있다. 수묵화는 그리고자 하는 대상에 대한 사생(寫生)보다는 내면에 담긴 의미를 화폭에 표현하고자 하는 사의(寫意)를 중시한다. 반면, 유화는 눈에 보이는 대상을 사실적으로 표현하고자 하는 사실(寫實)과 현상(現象)을 중요시한다. 사의를 추구한 문인화를 '경계(境界)의 미학'이라 할 수 있는데, 이는 개인의 정신 수양을 통해 고도의 경지(境地)에 이르는 동양 철학과 연관된다. 동양화는 정신세계에 대한 주관적 표현을 중시하고, 선과 여백을 통해 사의를 드러낸다. 동양화는 한 번의 붓 터치로 그리는 일필휘지(一筆揮之)의 집중력이 필요하며, 이를 위해선 입정(入靜)의 경지가 요구된다. 이러한 동양화는 도교와 유교의 철학 사상에 기반하며, 스스로 수신(修身)을 통해 기운생동(氣韻生動)을 구현하는 창작 과정을 중시하는 것이다. 수묵화가 종이, 붓, 먹, 벼루를 예술 질료로 한다면, 유화는 붓, 캔버스, 물감(안료), 린시드나 테레빈유, 나이프로 구성된다.

서양화의 오랜 전통은 자연주의, 사실주의, 현실주의라는 맥락에서 형성되어왔다. 서양화의 뿌리를 두는 고대 그리스 미술의 정신은 자연에 대한 정확한 모방을 위한 리얼리즘(Realism)이라고 할 수 있다.[1] 묘사 대상에서도 중세 종교 시대에는 신비로운 천상주의가 강조되었고, 르네상스 시기에 들어와서는 인간 중심의 소재로 변화하지만, 내용 면에서는 기독교의 종교적 색채를 유지했다. 유화는 고대 그리스 및 로마문화와 기독교 문화가 융화되면서 발전했다. 유화의 작풍은 소재의 배치, 투시법, 원근법, 명암법, 구도 등의 규칙을 중시한다. 표현기법에서는 동양화와 반대로 여러 번의 덧칠을 통해 그림을 완성해가며 풍부한 색감을 표현한다. 캔버스에 칠해진 물감이 공기와 산화하면서 은은한 광택이 나고, 붓과 나이프로 부드러운 색톤의 변화와 사실적 질감 표현이 매우 뛰어나다. 이러한 오랜 역사를 이어온 전통 회화인 유화와 수묵화는 예술적 감성과 심미성 그리고 문화적 정서와 철학 및 전통사상을 반영하며 발전했다.

수묵화와 유화는 오랜 역사를 통해 인류가 접해온 미술의 근간이며, 여전히 그 고유한 미술 가치를 유지하고 있다. 이는 수묵화와 유화가 동서양의 전통문화에 바탕을 두고 있으며, 각 사회문화 현상과 사상을 내재한 예술로서 여전히 현대인의 예술적 기호와 정서에 부합하기 때문이다. 전통 회화가 주로 홀로 작업하며, 예술성을 중시하고, 정적인 작품이라면, 애니메이션은 영화 기술의 발전과 더불어 프레임 단위(frame by frame)의 동영상 메커니즘에 바탕을 두며, 여러 단계의 순차적 작업을 거

1 https://m.post.naver.com/viewer

쳐 완성된다. 특히, 1990년대 중반 이후 그래픽 소프트웨어의 발전과 더불어 3D 컴퓨터 애니메이션 영화가 제작되기 시작했으며, 기존의 수작업과 달리 디지털 기반의 작업으로 발전한다. 수묵화와 유화가 지니는 고유한 전통 회화의 예술성은 애니메이션 매체에 적용되면서 새로운 영상 미학을 창출하고 있다.

수묵 애니메이션

수묵화와 애니메이션의 접목은 1960년 중국 애니메이션계에서 시도되었다. 이는 전통문화와 신기술 매체가 융합되어 새로운 영상예술이 시도된 것이다. 수묵 애니메이션은 수묵화를 살아 움직이는 영상으로 재생했으며, 사운드와 대사의 도입으로 동적인 영상 서사로 거듭나게 되었다. 화폭에 정적으로 머물던 자연과 인물이 살아 움직이면서 아날로그 감성을 자극하며 환상적인 장면을 연출한다. 과거의 전통과 현대의 기술 매체가 공존하고 연대하면서 전통 회화의 예술성이 대중오락의 영역을 포괄하게 된 것이다. 수묵 애니메이션은 중국 상하이미술영화제작소 터웨이(特偉) 감독이 제백석(齊白石)의 수묵화를 모태로 하여 제작한 〈수묵 애니메이션 단편(水墨動畫片斷)〉(1959)이 시초다. 〈수묵 애니메이션 단편〉은 1960년 5월 전국문교전선군영대회(全國文教戰線群英大會)에서 베이징의 문예 인사들을 대상으로 상영되었으며, 그 반응은 매우 뜨거웠다. 화가 장광우(張光宇)는 "중국 수묵 애니메이션을 본 후 완전히 압도되어 버렸다"라고 했으며, 또 다른 화가 당운(唐雲)은 "인민 예술가 제백석 선생이 평생 즐겨 그린 화조를 재미있는 줄거리로 편성해 제작하여 스크린에 방영되니 생동감 있고, 마치 아름다운 한 폭의 그림을 보는 것 같다"[2]라고 예찬했다. 만화가 화군무(華君武)는 〈대단한 창작(了不起的創作)〉이라는 글에서 "많은 사람들이 놀라움을 금치 못했다. 누군가 제백석 선생님은 돌아가셨지만, 그의 그림은 여전히 살아있다"[3]라고 했다. 당시 수묵 애니메이션에 대해 많은 중국인이 그 영상예술성에 감탄을 금치 못 했으며, 수묵화에 대한 민족문화적 자부심을 느끼게 한 것이다.

또한, 애니메이션이 널리 알려지지 않은 당시 애니메이션의 예술적 기능에 대한 대중적 인식이 확산하는 계기가 되었다. 이는 중국 전통 회화를 애니메이션에 성공적으로 적용함으로써 '수묵 애니메이션'이라는 장르를 개척했으며, 애니메이션의 새로운 회화적 예술성을 열어준 것이다. 터웨이 감독은 실험 작품인 〈수묵 애니메이션 단편〉에 이어 〈엄마 찾는 올챙이(小蝌蚪找媽媽)〉(1960)를 셀 애니메이션 형식으로 제작한다. 〈엄마 찾는 올챙이〉는 제14회 스위스 로카르노 국제영화제 단편 은범상(1961), 제4회 프랑스 안시 국제애니메이션영화제 어린이 영화상(1962), 제17회 칸국제영화제 영화상(1964) 등 여러 차례 국제적인 수상을 하며, 중국 특색의 수묵 애니메이션을 전 세계로 널리 알리게 된다. 〈엄마 찾는 올챙이〉는 살아 움직이는 동작을 표현하기 위해 수차례 실험을 통해 자연스러운 연속 동작을 풀 애니메이션(Full Animation) 기법으로 구현했다. 수묵화로 그려진 물고기와 개구리의 헤엄치는 모습이 애니메이션을 통해 사실적이고 생동감 있게 표현된 것이다.

터웨이 감독의 또 다른 작품인 〈피리 부는 목동(牧笛)〉(1963)은 수묵

---

2 唐雲, 〈人民日報〉, 1960.05.31.

3 張松林, 〈獨樹一幟的水墨動畫片〉,《中國電影年鑒》, 中國電影出版社, 1982.

회화의 아름다움에 더해 불교 사상을 담은 작품이다. 목동이 소를 잃고 찾아가는 과정을 통해 목동과 소와의 깊은 애정을 표현한 인본주의적 사상과 불교 사상인 '심우도(尋牛圖)'가 영상 서사에 내재된다.[4] 심우도는 심우(尋牛) – 견적(見跡) – 견우(見牛) – 득우(得牛) – 목우(牧牛) – 기우귀가(騎牛歸家) – 망우존인(忘牛存人) – 인우구망(人牛俱忘) – 반본환원(返本還源) – 입전수수(立廛垂手)의 10단계로 구성된다. 〈피리 부는 목동〉은 심우도를 은유하여 잃어버린 소를 되찾고 길들이는 과정을 통해 자신의 본성을 발견하고 깨달음의 경지로 가는 것을 암시한다. 이를 묘사하기 위해 수묵화의 정적인 느낌과 여백의 미를 조형하였으며, 현실과 꿈을 오가는 몽환적이면서도 환상적인 장면을 연출했다. 장면 속의 목동과 물소, 그리고 폭포와 물고기, 새 등 다양한 등장 소재를 살아 움직이듯 자연스럽게 표현했다. 또한, 움직이는 수묵화의 자연경관에 흐르는 은은한 피리 소리는 전통예술의 감성을 더욱 자극하며, 전체 서사의 흐름을 복선伏線)하는 기능을 한다. 피리 소리는 오응거(吳應炬)가 작곡했고, 마술피리(魔笛, 마적)로 알려진 중국 제일의 피리 연주가인 육춘령(陸春齡)이 연주했다. 작곡가 오응거는 〈피리 부는 목동〉 외에도 〈대요천궁(大鬧天宮)〉, 〈엄마 찾는 올챙이(小蝌蚪找媽媽)〉, 〈초원 영웅 소자매(草原英雄小姐妹)〉 등 초창기 유명 애니메이션의 삽입곡을 작곡했다.[5] 이는 정적인 전통 회화와 달리 애니메이션이 갖는 동영상의 기능과 더불어 사운드의 기능이 수묵 영상의 시적 색채를 한층 강조하고 있음을 알 수 있다. 수묵의 농담 효과를 셀 애니메이션을 통해 표현함으로써 중국 전통의 예술성과 동양의 회화미

4 이현석, 〈중국 애니메이션의 발전과정에 대한 대중문화적 고찰: 시양양과 후이타이랑의 성공요인을 중심으로〉, 《한국영상학회논문집》 12(4), 2014.

5 네이버 지식백과, 피리 부는 목동[牧笛, The Cowboy's Flute].

를 구현한 것이다.

〈엄마 찾는 올챙이〉 이후 에도 〈사슴 방울(鹿鈴)〉(1982), 〈휼방지쟁(鷸蚌相爭)〉(1984), 〈산수정(山水情)〉(1988) 등 여러 작품이 제작된다. CG 기술이 발전함에 따라 3D 컴퓨터 애니메이션, 그리고 최근에는 CG VFX를 통해 수묵화의 감성이 환상적으로 재창조되고 있다. 이러한 수묵 애니메이션은 필묵정취(筆墨情趣)를 스크린으로 가져왔으며, 중국 전통 미학인 이형사신(以形寫神)의 사상을 동적으로 구현하고 있는 것이다.

2000년대 이후 〈Ode to Summer(夏)〉(2003), 〈Brush(絶筆)〉(2006), 〈The Legend of Qin(秦時明月)〉(2007) 등이 3D 그래픽으로 제작된다. 〈Ode to Summer〉는 모든 개체를 단색 톤으로 처리하고 컴퓨터그래픽으로 농담 효과를 표현했으며,[6] 3D 애니메이션의 초사실적 렌더링 기법을 적용하여 수묵화의 이미지를 거의 완벽하게 재현하였다.[7] 2010년을 전후하여 〈스트리트 파이터 X 철권 2010〉, 〈Asura 2010〉 등 게임 트레일러와 〈Toyota Avalon 2013〉 등 광고에서 VFX를 통한 수묵 효과가 활용되고 있다. 〈스트리트 파이터 X 철권 2010〉 장면 중 투박하고, 날카로운 선의 형상은 먹의 물기를 줄인 갈필법(褐筆法)을 통해 표현했으며, 배경은 옅은 먹의 농담 대조를 이루며 강조된다. 장면구성은 캐릭터와 배경에 농담 차이를 주어 깊이감과 원근감을 표현했다. 캐릭터 위로 표현되는 열기와 먼지는 유체로 제작하여 사실적으로 연출된다. 또한, 붓을 허공에 내치듯 묵의 번짐과 퍼짐을 이용하여 칼을 휘두를 때의 액션 효과를 극

6 이영헌, 〈3D 애니메이션에서 사용되는 NPR에 대한 연구〉, 《한국콘텐츠학회논문지》 7(5), 2007.

7 한명희, 〈3D 애니메이션을 활용한 수묵화기법 표현연구〉, 《멀티미디어학회논문지》 13(7), 2010.

적으로 표현하고 있다. 번짐의 속도 또한 빠르게 진행되다가 점점 느리게 이완되며 동적 변화의 리듬을 표현했다. 물이 튀면서 큰 궤적을 형성하는 효과는 게임의 일반적인 특수효과에 비해 더욱 무거운 긴장감과 함께 역동적인 액션을 연출한다. 이러한 효과를 이용하여 〈스트리트 파이터 X 철권 2010〉, 〈몽환서유정무신〉, 〈Asura 2010〉에서 거칠고 강한 획을 표현했으며, 먹의 번짐 효과를 동적으로 활용했다.

초기 VFX를 이용한 수묵 효과는 주로 액션 동작을 보조하는 특수효과로 사용되었지만, 게임 트레일러 〈Asura〉에서는 한 단계 더 발전한 VFX의 수묵 효과를 볼 수 있다. 먹이 물에서 천천히 확산되면서 점차 용의 모습으로 바뀌며 형상을 이루어간다. VFX를 통해 먹이 물에 녹는 비형상에서 먹이 다시 모이면서 특정 형상을 이루게 되는 효과가 가능해진 것이다. 이러한 VFX 효과는 기존 애니메이션의 고정된 형상과 달리 비정형의 특성으로 인해 형상 변화를 매우 자유롭게 표현하게 된다.

수묵 애니메이션의 진화

CG VFX를 이용하여 제작된 중국 중앙방송국(CCTV) 공익광고 〈Believe in the Power of Brands 2009〉는 중국 고대부터 현대까지의 역사, 문화, 전통사상, 경제발전을 함축적으로 영상화했다. 작품 길이는 1분으로, 중국의 MMIA, 독일의 Trouble Makers와 Weare Flink의 3개사가 합작하여 제작했다. 〈Believe in the power of brands 2009〉의 제작 목적은 첫째, 중국의 대표적인 공영방송인 중앙방송국이 중국 전통의 문화적 가치를 전파하여 문화 민족으로서의 국민적 자부심을 고양케 하는 것이다. 둘째, 수묵 CG VFX 효과로 현대화된 전통문화의 이미지 홍보와 CG 관련 산업의 촉진을 유도한다. 셋째, 주류매체인 중앙방송국의 공공 이미지와 광고 투자유치를 유도하기 위해서이다. 〈Believe in the Power of Brands 2009〉는 독창적인 수묵 VFX로 중앙방송국 최고의 광고로 호평되었다. 이를 통해 중앙방송국은 중국의 전통문화를 홍보하고, 대중화하는 구심적 매체로 거듭난 것이다.

영상은 먹 방울이 물속에서 빠르게 번지면서 시작한다. 물은 허공으로 전환되며, 산의 형상을 이루어간다. 전통적 산수화의 정적인 느낌과 달리 먹은 변화하며, 산의 형상을 이뤄가고, 곧이어 그 형상이 소멸된다. 자연을 상징하는 물과 산의 소재는 "지혜로운 사람은 물을 좋아하며, 어진 사람은 산을 좋아한다"라는 《논어》 '지자요수 인자요산(智者樂水 仁者樂山)'의 구절을 떠올리게 한다. 이는 산과 물을 통해 인간관계의 지혜와 고요한 마음을 강조한 무위자연의 사상을 암시한 것이다. 영상의 중간부에서 묘사된 사람 형상은 태극권 동작을 한다. VFX 유체 입자로 구성된 형태로 뚜렷한 형태보다는 전체적인 실루엣으로 형상이 표현된다. 《주역》의 '계사전(繫辭傳)'에 보면, "역(易)에는 태극(太極)이 있어 양의(兩儀)가 생기고, 양의는 사상(四象)을 낳고, 사상은 팔괘(八卦)를 낳는다"라고 했다. 먹은 모든 색의 근원인 현색(玄色)으로 득의망상의 도가적 사상을 환기시키고, VFX를 이용한 유체화된 먹은 각각 형상의 정신과 성정을 포괄한다. 이러한 VFX가 수묵 표현에 적용되며, 형상의 변화(變化) 또는 전화(轉化)가 자유로이 이루어지며 동적 회화성이 극대화되었다. 이는 CG VFX가 유(有)와 무(無)의 상태를 자유로이 오가며, 노자의 '유무상생(有無相生)'을 표현하는 데 적절한 회화적 실현체임을 알 수 있다.

용, 두루미, 물고기 등 중국 고대 신화의 의미를 갖는 동물이 차례로 등장하며 수묵의 형상이 변화된다. 흩뿌리는 듯한 형상의 만리장성은 중국의 오랜 역사를 상징하며, 이어지는 고속열차, 대형 경기장, 날아가는 비행기는 빠르게 발전하는 중국의 현대 모습을 암시한다. 마지막으로 중앙방송국의 타워를 보여주며 현대문화 매체의 상징성을 암시한다. 〈Believe in the power of brands 2009〉는 자연, 중국 전통, 역사와 철학, 중국의 현대라는 4단계로 이어지는 서사를 구성하며, '무형에서 유형으로'라는 작품 의도를 시각영상화했다. 〈Believe in the power of brands〉는 필묵에서 기존의 수묵 애니메이션에 쓰인 갈필법, 몰골법, 구륵법 등의 획이나 필치가 아닌 먹이 물에 번지는 수용 특성을 통해 순차적으로 형상이 이루어진다. 유체효과를 통한 형상 묘사는 안개 같은 형상이 이루어짐과 동시에 소멸되며, 순차적으로 다른 형태로 전이된다.

애니메이션에서 농담 효과를 구현하는 방법을 보면, 2D 애니메이션은 셀룰로이드층을 겹쳐 표현하고, 3D 애니메이션은 폴리곤 오브젝트에 쉐이딩 기법을 통해 구현한다. VFX는 유체 조작을 통해 농담의 변화가 이루어지며 입체적인 형상을 표현한다. 투시에서는 1점 투사를 했으며, 대상이 움직이는 구도에 따라 카메라의 줌인과 줌아웃 등 다변화된 구도가 연출되었다. 산과 물, 비워진 공간으로 은유된 하얀 공백은 시간의 흐름으로 이루어지는 생동하는 공간으로 연출되었다.

전성환이 망색(忘色)과 망상(忘象)에 대해 "형사(形似)의 외형(外形)보다는 내재적인 의취(意趣)를 중시하는 수묵화의 상징적(象徵的)이고 관념적(觀念的)인 특징을 가져오게 되었다"라고 언급했듯이,[8] 수묵에 내재된 전통 회화 예술성을 바탕으로 생명의 근원과 자연, 그리고 신화적 동물과 역사를 통해 '무위자연(無爲自然)'과 '득의망상(得意忘象)'의 수묵미학의 원리가 영상을 통해 구현되고 있다. 전통예술의 기운생동, 응물상형, 수류부채, 경영위치가 VFX 유체효과를 통해 구현되며, 수묵화의 예술적 정취와 회화적 아름다움이 환상적이고 동적인 수묵영상미학으로 재창조된 것이다.

8 전성환, 1998, 2쪽.

유화 애니메이션

중국에서는 전통예술 작풍을 차용한 수묵 애니메이션이 1960년대부터 시작되면서 하나의 장르를 형성하게 된다. 반면, 1990년대 들어와서 서양의 전통 회화인 유화가 애니메이션 형식으로 시도된다. 알렉산드르 페트로프(Alexandre Petrov)는 유화를 이용하여 〈노인과 바다(The Old Man and the Sea)〉(1999)를 제작했다. 어니스트 헤밍웨이의 원작 소설 《노인과 바다》를 각색하여 22분 분량의 유화 애니메이션으로 제작한 것이다.[9] 〈노인과 바다〉는 작가가 손가락 끝에 물감을 묻혀 4년 동안 2만 9천 장의 유화를 그려 완성했다. 완성된 유화는 컴퓨터그래픽과 최신 촬영기술을 이용하여 애니메이션으로 전환되었다. 유화로 그려진 애니메이션 영상의 생동감은 다른 애니메이션과 달리 전통 회화의 예술성을 느낄 수 있으며, 감독의 작가주의적 열정과 감성이 드러난다. 이 작품은 제72회 아카데미 영화제 최고 단편 애니메이션과 2000년 프랑스 안시 애니메이션 페스티벌 단편 부문 대상을 수상하는 등 많은 비평가들로 부터 찬사를 받은 작품이다.

---

9 베르나르 제넹, 앞의 책.

2017년 제작된 〈러빙 빈센트(Loving Vincent)〉는 유화 애니메이션의 예술적 가치와 대중성을 전 세계에 다시 한번 알린 대작이다. 〈러빙 빈센트〉는 네덜란드 출신의 후기 인상주의의 대표적인 화가 빈센트 반 고흐(Vincent van Gogh, 1853~1890)의 마지막 인생을 다루고 있다. 〈러빙 빈센트〉에 대한 비평을 보면, "미술 문외한도 매우 흥미진진하게 즐길 수 있는 아름다운 애니메이션", "신선한 시각과 기법을 이용해 고흐의 마지막 삶을 시적으로 그려낸 작품", "그 누구도 경험해보지 못한 황홀함을 선사해주는 영화" 등과 같은 호평이 이어졌다. 반면, "시도 자체는 훌륭하지만 영화적 재미는 부족하다", "과장된 허울로 포장된 애니메이션" 등의 혹평도 이어졌다.[10] 하지만 125명의 화가가 참여하여 총 6만 2,450점의 유화 작품이 사용된 〈러빙 빈센트〉는 말 그대로 방대한 작업이었으며, 전례 없는 집단 예술의 시도였다. 〈러빙 빈센트〉 제작진이 작품의 홍보를 위한 전시를 주최하며 소개한 글은 다음과 같다.

"영화 〈러빙 빈센트〉는 살아 움직이는 빈센트 반 고흐의 그림들이 그의 이야기를 전한다. 우리는 빈센트가 유화를 그린 방식 그대로 영화를 만들었다. 125명의 화가가 2년에 걸쳐 총 6만 5천 프레임을 손으로 직접 그렸다. 영화 촬영이 끝나갈 무렵, 스튜디오는 온통 영화 속 그림으로 채워져 있었고, 전 세계에서 제작과정에 대한 질문 세례가 쏟아졌다. 그리하여 우리는 이 전시회를 기획하게 되었다."

---

10 https://movie.naver.com/movie

빈센트 반 고흐

20세기 초에 등장한 후기 인상주의 대표적인 화가 빈센트 반 고흐는 아방가르드, 즉 전위예술의 대표적인 화가다. 고흐의 그림은 신화나 종교적인 내용의 그림을 그리던 사실주의와 달리 인간의 감성과 감정을 표현하고자 하는 인상파의 맥을 같이한다. 특히, 투박하고 물결치는 듯한 붓놀림으로 그만의 작풍을 구성한 것이 특징이다. 고흐는 37세의 나이로 죽기 전까지 860점의 유화, 1,300점의 수채화, 드로잉 등 약 2,100점의 작품을 그렸다. 기존 전통 회화와 차별화되고, 같은 시기의 후기 인상주의 화가인 폴 세잔, 폴 고갱 등과도 다른 독창적인 예술성을 보여준다. 고흐는 인상주의에서 현대미술로 넘어오는 중요한 가교 역할을 한다. 특히, 야수파, 독일의 표현주의 등 20세기 현대미술에 많은 영향을 미친 예술가다. 고흐는 평생 그를 지원해준 동생 테오와 수백 통의 편지를 주고받았으며, 이를 테오의 아내 요한나가 1914년 서간집을 출판하면서 고흐의 인생과 작품이 세상에 널리 알려지게 된다.

1881년 고흐는 네덜란드 뉘넨에서 농민의 생활을 캔버스에 담아내며 습작했고, 밀레의 그림을 모사하며 화가로서의 인생을 시작한다. 잘 알려진 고흐의 초기 작품 중 하나인 〈감자를 심는 농부와 그의 아내〉(1885)는 농촌의 전경을 묘사했다. 이는 프랑스의 사실주의 화가 장 프랑수아 밀레의 〈만종〉과 매우 유사한 느낌을 준다. 또한, 고흐의 초기 화풍을 잘 드러낸 〈감자 먹는 사람들〉(1885)은 어두운 톤의 암갈색을 주로 사용하여 농민의 삶을 표현한 대표적인 사실주의 작품이다. 하지만 붓터치에 있어서 그만의 독특한 표현주의 양식이 엿보이는 작품이기도 하다. 당시 파리 화방에서 일하는 동생 테오가 고흐의 그림을 팔고자 했지만, 당시 파리에서는 화려한 인상파 그림들이 인기가 있었던 탓에 어두운 톤의 고흐의 그림은 팔리지 않았다. 고흐는 1886년 3월 프랑스 파리로 이사하면서 동생 테오의 소개로 카밀 피사로, 조르주 쇠라, 폴 세잔, 폴 고갱, 앙리 루소 등 인상파 화가들과 교류하게 된다. 이 시기에 인상주의뿐 아니라 분할주의, 상징주의 등 여러 예술사조를 접하게 된다. 이를 계기로 초기의 어둡고 무거웠던 고흐의 그림은 인상파의 영향을 받아 점차 화려하고 역동적인 화풍으로 바뀌게 된다. 고흐는 1886년부터 1888년까지 파리에 머무는 동안 〈몽마르트르 언덕의 채소밭〉, 〈몽마르트르 언덕의 전망대〉, 〈아니에르의 센강을 가로지르는 다리〉 등 200점 이상의 작품을 그린다.

1888년 35세인 고흐는 프랑스 남부 아를로 갔으며 그곳에서 강렬한 햇빛에 매료되고, 이러한 강렬한 빛에 대한 느낌은 더욱 선명한 색감으로 표현된다. 이 시기 〈해바라기〉, 〈야간 카페〉, 〈비 온 뒤 오베르의 풍경〉 등 그만의 독특한 예술 작풍은 더욱 뚜렷하게 자리 잡는다. 1888년 그가 존경하던 고갱과 약 2개월간 같이 생활하지만, 서로 다른 성격으로 인해 사사건건 의견 대립이 일어난다. 고흐는 신경발작을 일으켜 자신의 왼쪽 귀를 자르게 되고, 고갱은 떠나게 된다. 1889년 〈별이 빛나는 밤〉, 〈피아노 치는 마르그리트 가셰〉, 〈귀를 자른 자화상〉 등 원색적인 색조가 두드러지는 그만의 독특한 필치의 그림이 더욱 완성도 있게 이루어진다. 고흐가 세상을 떠난 해인 1890년 오베르에서 〈까마귀가 있는 밀밭〉, 〈오베르의 교회〉, 〈오베르 우아즈 강둑〉이라는 작품을 남긴다. 〈까마귀가 나는 밀밭〉(1890)을 보면, 밀밭 가운데 길이 끊겨 더 이상 갈 수 없으며, 하늘의 먹구름과 함께 까마귀 떼가 있는 모습은 곧 다가올 그의 죽음을 예견하는 듯한 암울한 느낌을 자아낸다. 고흐의 작풍은 초기에는 사실주의에 가까운 그림으로 시작하여 동시대 인상주의 영향을 받아 밝은 색조와 강렬한 붓 터치로 후기 인상주의의 화풍으로 자리 잡게 된다.

〈러빙 빈센트〉는 고흐가 죽은 지 1년 뒤의 시점인 1891년을 배경으로 했으며, 아르망이 오베르에서 고흐가 보낸 마지막 6주를 추적하는 형식으로 구성된다. 극 중 배경 공간과 만나는 사람들은 반 고흐가 그린 풍경화와 초상화를 재현하여 구성한다. 전시된 작품으로만 보아 온 유화 작품이 실제 공간으로 환원되며, 낯익은 초상화, 풍경화, 정물화들은 애니메이션이라는 매개를 통해 영화 속 스크린으로 부활한 것이다. 〈러빙 빈센트〉의 줄거리는 다음과 같다.

1890년 7월 고흐는 권총으로 자살을 시도한 지 3일 후 라베르 여관에서 죽는다. 〈러빙 빈센트〉는 고흐가 죽은 지 1년이 지나 고흐가 생의 마지막으로 남긴 편지를 우체부 아들 아르망이 테오에게 전달하기 위해 떠나는 여정으로 시작한다. 아르망은 여관 주인의 딸 아들린 라부, 폴 가셰 박사의 딸인 마르그리트 가셰, 고흐의 주치의 폴 가셰, 강가에서 반 고흐를 보았던 뱃사공까지 고흐를 아는 사람들과 이야기를 나누면서 알려지지 않은 반 고흐의 삶과 예술적 열정에 대해 차츰 알아가는 과정으로 전개된다. 아르망은 고흐의 비극적인 죽음이 자살인지, 아니면 타살

인지 의심을 품게 되고, 무성한 소문 속에서 고흐의 죽음에 얽힌 미스터리를 추적해가며 관객의 상상력을 유발하는 스토리로 구성되었다.

애니메이션으로 재탄생한 고흐의 작품

〈러빙 빈센트〉는 도로타 코비엘라(Dorota Kobiela)와 휴 웰치먼(Hugh Welchman)이 감독하고 폴란드 영화협회가 제작비를 지원했다. 반 고흐의 작품과 그가 남긴 편지를 묶어 출판된 서간집에 관심이 많았던 도로타 코비엘라 감독은 처음에는 2분가량의 짧은 영화로 제작했다. 이를 본 휴 웰치먼이 찾아와 반 고흐에 대한 장편 애니메이션 제작을 제안한다. 〈러빙 빈센트〉는 2017년 안시 국제 애니메이션 페스티벌에서 관객상, 상하이국제영화제에서는 애니메이션상을 수상했고, 제90회 아카데미상 최우수 장편 애니메이션 영화상 후보로 지명되었다. 이는 세계 최초의 장편 유화 애니메이션으로, 기존의 여타 애니메이션과 다른 예술성과 압도적인 영상미가 어필되었기 때문이다.

〈러빙 빈센트〉는 코비엘라와 웰치먼이 진정으로 고흐를 기리기 위한 구현하고 싶었던 마음을 담아 애니메이션 영상 형식을 통해 제작한 작품이다. 도로타 코비엘라 감독뿐 아니라 수많은 유화 제작에 참여한 125명의 예술가들도 고흐에 대한 사랑과 열정이 그들로 하여금 제작에 자발적으로 참여하게 된 이유인 것이다. 〈러빙 빈센트〉는 단순히 고흐의 작품을 통해 그의 마지막 인생을 추리식으로 구성한 대중오락 중심의 애니메이션이 아니다. 고흐가 그린 130여 편의 유화 작품을 통해 말년에 느꼈을 고독과 외로움, 그리고 그의 안타까운 인생에 대한 후세대의 진혼곡이자 헌정시인 것이다.

도로타 코비엘라가 주목한 것은 고흐가 살았던 곳의 풍경과 그가 평소 교류했던 사람들에 대한 작품들이다. 코비엘라는 고흐의 풍경화와 초상화를 연결하면 그의 마지막 인생을 재구성할 수 있으리라 확신했다. 1시간 20분 분량의 애니메이션 제작을 위해 상상을 초월한 6만 2천여 장의 방대한 유화 작품을 그렸다. 모든 그림은 반 고흐의 작풍을 그대로 모방하여 구성했다. 고흐가 죽기 일주일 전 테오에게 보낸 편지의 한 문구 "그림 말고는 이야기를 할 방법이 없다(We cannot speak other than by our paintings)"를 극의 도입부에서 보여주며, 고흐가 어떻게 세상과 소통하고 일생을 보냈는지, 그리고 영화가 고흐를 어떻게 조명하고 보여줄지를 암시한다.

〈러빙 빈센트〉의 시작은 〈별이 빛나는 밤〉의 풍경으로 시작한다. 도로타 코비엘라 감독은 구름이 움직이는 장면을 연출하기 위해 고흐의 원작 느낌을 그대로 표현했다. 카메라는 아를의 〈노란 집〉(1888)을 보여주고, 아르망과 병사가 싸우는 장면으로 이어진다. 아르망은 〈아르망 룰렝의 초상〉, 병사는 〈조아브 병사의 반신상〉 속 인물을 그대로 재현한 것이다. 밀레 중위와 아르망이 술잔을 기울이며 대화를 나누는 곳은 〈밤의 카페 테라스〉(1888)로써 고흐가 생전에 고갱과 자주 찾던 포룸 광장의 카페이다. 밀레 중위 또한 고흐의 초상화에 묘사된 인물이며, 조셉과 아르망이 대화를 나누는 곳 또한 〈밤의 카페 테라스〉 이다.

아르망이 편지를 전하기 위해 가는 여정은 〈오베르의 평원〉, 〈비 온 뒤 오베르의 풍경〉, 〈아니에르의 센강을 가로지르는 다리〉, 〈몽마르트르 언덕의 전망대〉, 〈농가 근처의 건초더미〉 등 고흐가 그린 풍경화들을 그대로 모사했으며, 이는 유화로 그려진 그림이 영화 속 생동하는 공간으로 재구성된 것이다. 극 중 고흐와 고갱이 다투는 곳은 〈노란 집〉을 배경 공간으로 하고 있다. 닥터 가셰와 가정부 루이즈가 마주친 곳은 〈오베르의 교회〉(1890), 아르망과 마르그리트가 앉아 대화를 나누는 곳의 배경은 그 유명한 〈까마귀가 있는 밀밭〉(1890)을 그대로 묘사했다. 아르망이 만난 미술 재료상 탕기 영감, 고흐가 죽기 전 머물렀던 라부 여관의 딸 아들린 라부, 고흐를 그리워하는 마르그리트, 고흐의 주치의였던 폴 가셰 박사의 모습은 〈탕기 영감의 초상〉, 〈라부 양의 초상〉, 〈피아노에 앉은 가셰의 딸〉, 〈가셰 박사의 초상〉 등 고흐가 그린 초상화 속 인물을 그대로 재현했다.

고흐는 10년 동안 43점의 초상화를 그렸다. 고흐가 사람을 사랑하는 마음은 초상화의 형태로 표현되었으며, 이를 통해 사람의 내면에 담긴 영원함을 그만의 색채로 표현하고자 한 것이다. "나는 사람을 사랑하는 것보다 더 진실로 예술적인 것이 없다고 느낀다(I feel that there is nothing more truly artistic than to love people)." 고흐가 느끼고, 바라보고, 교류했던 환경과 인물들이 애니메이션을 통해 오랜 시간 캔버스의 침묵을 깨고 관객 앞으로 환생한 것이다.

애니메이션 제작과정

애니메이션은 초당 24장의 이미지가 연속적으로 보이며 영상이 구성된다. 하지만 〈러빙 빈센트〉는 초당 12프레임으로 구성했으며, 총 6만 장 이상의 그림을 참여 화가들이 일일이 손으로 직접 그려서 작업했다. 1초를 보기 위해 유화 그림 12장이 들어갔으며, 1분에 720장, 영화 총길이인 95분에는 약 6만 4,800장의 유화 그림이 소요되었다. 유화는 일반 작화와 달리 전문 화가들이 필요하므로 제작과정에서 매우 많은 노력과 시간, 예술성이 요구된다. 애니메이션 〈러빙 빈센트〉는 가로 67cm, 세로 49cm의 캔버스와 동일한 스크린 비율을 기준으로 제작되었다. 하지만 고흐가 남긴 유화 작품은 각각 다른 사이즈의 캔버스 작품이어서, 스크린 비율에 모자라는 부분은 연장하여 그리거나 사이즈를 바꿔야 했다. 〈밤의 카페 테라스〉의 경우 세로로 긴 작품이다. 영상 화면을 하늘에서 카페로 내려오는 샷으로 구성하여 작품 이미지를 수정 없이 그대로 사용했다. 〈몽마르트르 언덕의 전망대〉는 여름을 배경으로 한 그림이지만, 극 중 겨울을 연출하기 위해 몽마르트르 주변이 그려진 그림을 참고로 하여 겨울 배경으로 재현되었다. 스토리 전개 중 고흐의 유화로 그려지지 않은 장면이나 배경은 작가의 상상력으로 그렸다고 한다. 또한, 고흐의 일상을 재현하는 부분은 사실적인 느낌을 주기 위해 흑백의 영상과 플래시백 형식으로 표현했다.

제작팀은 유화 작업을 위해 페인팅 애니메이션 워크스테이션(PAWS: Painting Animation Work Stations)을 구축하였다. PAWS란 유화 이미지 제작을 위해 프로젝터, 캔버스, 카메라, 모니터, 조명기구를 한 공간에 설치한 시스템이다. 프로젝터로 실사촬영 이미지를 캔버스에 투사하여 화가들이 고흐의 작법으로 덧칠하기 쉽도록 했다. 로토스코프 기법을 더욱 효과적으로 작업할 수 있도록 구성한 시스템으로써 동일 조명과 조도를 캔버스에 비추어 많은 화가가 그려도 유화의 색차가 나지 않도록 정밀한 작업이 가능하게 했다. PAWS를 통해 각자 그린 그림을 똑같은 규격으로 촬영하여 데이터화하고, 이를 손쉽게 수정할 수 있도록 제작 파이프라인을 구축했다. 전체 제작은 페인팅 디자인팀과 캐릭터 디자인팀으로 구성했으며, 페인팅 디자인팀은 반 고흐의 그림을 영화 형식으로 제작하고, 카메라 앵글의 변화에 따라 이미지를 재구성했다. 캐릭터 디자인팀의 화가들은 〈러빙 빈센트〉의 초상화 속 인물들을 위해 캐스팅된 배우들을 중심으로 유화 작업을 진행하였다.

배우들은 초상화 속 인물들과 최대한 비슷한 외모와 복장으로 준비한 뒤 블루 스크린을 배경으로 실사 촬영했다. 배우들의 모습은 로토스코프 원리와 마찬가지로 필름 이미지를 투사하여 그 위에 유화 페인팅을 거쳐 완성되었다. 출연 배우를 보면 고흐의 편지를 배달하는 우체부 아들 아르망은 더글러스 부스(Douglas Booth)가 연기했다. 더글러스 부스는 〈노아(Noah)〉(2014), 〈주피터 어센딩(Jupiter Ascending)〉(2015) 등의 영화를 통해 널리 알려진 명배우이다. 가셰 박사의 딸이자 고흐를 그리워하는 마르그리트는 시얼샤 로넌(Saoirse Ronan)이 연기했다. 시얼샤 로넌은 〈그랜드 부다페스트 호텔(The Grand Budapest Hotel)〉(2014)에 출연했으며, 〈브루클린(Brooklyn)〉(2015)으로 아카데미 여우주연상에 노미네이트 된 바 있는 유명한 배우다. 가셰 박사 역은 제롬 플린(Jerome Flynn)이 맡았고, 우체부 조셉 룰랭은 크리스 오다우드(Chris O'Dowd)가 연기했다. 강가에서 그림을 그리는 고흐를 지켜본 뱃사공에는 에이단 터너(Aidan Turner)가 출연했다. 고흐의 유화 작품이 애니메이션 동영상으로 제작된 것과 더불어 유명 배우들이 초상화 속 인물들을 연기하며 제작과정부터 언론의 많은 관심을 받았다. 등장 배우들의 연기 장면은 모션 컨트롤(motion control)[11]을 이용하여 다양한 각도에서 섬세하게 촬영되었다. 선별된 전문 유화 화가들이 고흐의 작법과 똑같도록 붓놀림과 채색법을 교육받았고, 배우들의 섬세한 표정도 고흐 스타일의 그림으로 재현되었다.

11 특수효과 촬영 등에 활용되며, 컴퓨터를 이용해 카메라의 움직임과 앵글을 조정한다.

전통 회화와 애니메이션의 혼성

오랜 시간 이어져온 수묵화와 유화는 동서양의 전통을 드러내는 문화적 정수다. 수묵화와 유화는 전통 회화로써 해당 문화권의 사상과 철학, 그리고 오랜 시간 이어져온 예술성을 내재하고 있다. 현재 과학기술의 발전으로 새로운 조류와 화풍, 그리고 다양한 예술재료를 활용한 예술작품이 등장하고 있다. 하지만 전통 회화는 여전히 인간의 원초적 감성과 정서에 기반하며, 인류의 예술, 사회, 문화에 큰 영향을 미치고 있다. 전통 회화가 지닌 고유의 미학과 예술적 가치는 모든 회화 미술의 근간이 된다. 화폭에 그려진 수묵화와 유화는 정적이다. 많은 예술가는 화폭의 이미지가 살아 움직이는 효과를 실현하고자 했다. 이탈리아 시인 마리네티의 미래파 선언이 그러했으며, 나움 가보와 앙투안 페브스너 형제 또한 1920년 리얼리스트 선언을 통해 움직임의 미학을 예찬하였다. 이러한 전통 회화의 염원은 애니메이션과 접목되면서 화폭과 캔버스에 그려진 이미지들이 살아 움직이는 영상으로 구현된 것이다.

중국의 〈피리 부는 목동〉에서부터 〈Believe in the Power of Brands 2009〉까지 수많은 수묵 애니메이션이 제작되면서 중국 특색의 영상 장르를 확립했다. 서구권 또한 〈노인과 바다〉, 〈러빙 빈센트〉 등 유화의 표현기법을 이용한 애니메이션이 제작되었다. 고흐의 그림들은 많은 예술가에 의해 모사되고, 이를 최첨단 디지털 애니메이션을 통해 새로이 부활한 것이다. 애니메이션은 대중오락을 위한 매체이기도 하지만, 전통회화와 접목되면서 새로운 영상미학을 창출하는 예술 도구이기도 하다. 수묵 애니메이션과 유화 애니메이션은 전통 회화의 예술성이 첨단 애니메이션 제작 방식과 혼성되며 창조된 영상예술인 것이다.

07
애니메이티드 다큐멘터리

- 애니메이티드 다큐멘터리 영화
- 애니메이티드 다큐멘터리의 특성
- 사실 기록을 위한 애니메이티드 다큐멘터리
- 교육, 계몽, 기행 목적의 애니메이티드 다큐멘터리
- 정신세계를 묘사한 애니메이티드 다큐멘터리
- 사회고발 성격의 애니메이티드 다큐멘터리
- 애니메이티드 다큐멘터리의 의의

애니메이티드 다큐멘터리 영화

그동안 유럽과 미국에서는 많은 단편 애니메이션이 애니메이티드 다큐멘터리(animated documentary) 형식으로 제작되었다. 특히, 〈라이언〉과 〈The Moon and the Sun: An Imagined Conversation〉(2006)은 오스카영화제에서 최우수 단편영화상을 수상했다. 또한, 아리 폴만(Ari Folman) 감독의 〈바시르와 왈츠를(Waltz with Bashir)〉(2008)은 칸영화제 공식경쟁 부문에 선정되는 등 많은 영화제에서 작품성을 인정받으며 관객에게 가까이 다가서고 있다. 〈바시르와 왈츠를〉은 아리 폴만 감독이 1982년 이스라엘의 레바논 침공 당시 팔레스타인 난민수용소에 일어난 학살사건에 이스라엘군으로 참전한 경험을 자전적으로 풀어간다. 아리 폴만 감독은 왜 일반 실사 다큐멘터리나 영화가 아닌 애니메이티드 다큐멘터리를 이용한 것일까? 〈바시르와 왈츠를〉의 애니메이션 감독인 굿맨(Goodman)은 애니메이션을 통한 다큐멘터리 형식으로 제작한 이유에 대해 다음과 같이 언급했다. "(애니메이션을 통해) 초현실적 장면이나 악몽 등을 우리 의도대로 표현해낼 수 있었다. 그게 아니라면 일반전쟁 다큐멘터리에 지나지 않았을 것이다." 애니메이티드 다큐멘터리는 겉으로 드러나는 물리적 실체에 대한 묘사뿐 아니라 인간 내면의 무의식의 기억을 초현실적 이미지로 영상화함으로써 기존 허구 중심의 애니메이션 영화나 일반 실사 다큐멘터리와는 다른 영상예술의 특성을 보여준다.

애니메이티드 다큐멘터리의 특성

애니메이티드 다큐멘터리는 '애니메이션'과 '다큐멘터리'를 결합한 합성어이며, 영상표현 기법에서 본다면 애니메이션을 이용한 영상구성에 다큐멘터리 형식을 차용한 것이다. 실사촬영을 통한 사진 이미지가 아닌 허구의 애니메이션 이미지가 다큐멘터리의 객관적 사실 정보를 전달할 수 있을까? 로빈슨(Robinson)은 객관적 사실 너머에는 진실이 존재하며, 사람은 사실보다 진실을 알고 싶어 하는 본성이 있다. 인간이 느끼는 다양한 감정과 정신세계는 실사 이미지가 아닌 애니메이션을 통한 환영적(幻影的) 이미지로 표현할 수 있기 때문이다. 애니메이티드 다큐멘터리는 1990년대 후반 웰스(Wells, 1997), 워드(Ward, 2005), 퍼니스(Furniss, 1998) 등에 의해 초기 단계 논의가 시작되었다. 영국인 교수 웰스는 상상의 이미지가 표현 가능한 애니메이션은 다큐멘터리 구성과 밀접한 관련이 있다고 했다. 감독의 의도에 따라 사회문화적 소재를 함축적으로 표현할 수 있으며, 인위적이고 환상적 표현이 가능한 애니메이션 기능은 다큐멘터리의 사실적 표현을 보완할 수 있다고 언급하였다. 실사 다큐멘터리는 물리적 세상의 표상적이고 외적인 측면을 기록하지만, 애니메이션으로 제작된 다큐멘터리는 특정 상황에 내재된 의미와 각 개인이 느끼는 감정 및 정신세계에 대한 표현이 가능하기 때문이다.

웰스는 애니메이션을 이용한 사실에 대한 재구성은 실제보다 더 사실스러운 의미를 전달하며, 흥미 유발과 함께 미학적으로 표현된다고 언급했다. 할라스(Halas)는 애니메이션에서 그림으로 표현되는 도상학적 상징성은 사실에 담긴 의미를 가장 효과적인 방법으로 전달한다고 했다.[1] 애니메이션으로 제작된 다큐멘터리에서 보이는 도상학적 표현은 실사촬영 다큐멘터리에서는 불가능하며, 이런 상징성을 통해 제작자의 주관적 의지가 대입된다.[2] 애니메이티드 다큐멘터리 장르는 다큐멘터리만으로는 표현하기 어려운 인간 내면의 무의식 세계를 효과적으로 표현할 수 있는 장르이다.

애니메이션을 이용한 사실성의 표현은 실사 다큐멘터리와 대립적 · 모순적 관계보다는 서로 보완하는 관계로 사건에 대한 재구성, 감독의 작품 의도 전달, 설명 기능의 확대, 그리고 더욱 다양한 시각적 표현을 가능하게 한다. 실사촬영으로 불가능한 부분에 대해 애니메이션 기법을 통해 설명한다면, 스토리 전달에 있어 매우 용이하며, 이러한 부분에 대한 시각적 설명과 이미지는 더 효과적으로 전달된다. 애니메이티드 다큐멘터리가 사실을 다루고 다큐멘터리 형식을 차용하여 구성된다면, 다큐멘터리로서의 속성을 유지할 수 있는 것이다. 애니메이티드 다큐멘터리는 실제 발생한 사건에 대한 경험과 기억을 바탕으로 개인적 관점에서 진실을 전달할 수 있으며, 제작자가 사실을 영상화하는 데 일반 다큐멘터리와는 다른 다양한 시각적 표현과 독창적인 내러티브 구성

---

1 J. Halas, op. cit.

2 S. Sofian, The truth in pictures, In Townsend, E. ed, The animated documentary, Frames per second magazine, 2(1), 2005.

을 가능하게 한다.

웰스는 제작자의 주관성 개입의 정도에 따른 영상표현 방법에 따라 애니메이티드 다큐멘터리를 모방적(imitative) 모드, 주관적(subjective) 모드, 환상적(fantastic) 모드, 포스트모던(post-modern) 모드의 네 가지 유형으로 분류했다. 모방적 모드는 애니메이션을 이용하여 실사촬영 다큐멘터리의 구성과 형식을 그대로 따라 하며, 실제 세계를 그대로 모방하여 사실 전달에 치중한다. 실제 사건에 대한 감독의 자의적 개입이 배제되며, 사건에 대한 시각적 묘사를 있는 그대로 사실적으로 구현한다. 주관적 모드는 극 중 캐릭터를 통해 제작자의 주관성 개입이 시도된다. 배경에 대해서는 사실에 가깝게 묘사가 유지되지만, 등장 캐릭터와 장면 연출이 감독의 의도에 따라 실제와 다르게 표현된다. 환상적 모드는 주관성 개입의 확대에 따라 제작자의 주관적 해석이 많이 개입되며, 실제 사회현상과 사실에 담긴 내면적 의미를 사실적 묘사와 추상적 묘사가 동시에 표현된다. 포스트모던 모드는 객관적 사실이나 일반적인 가정에 대한 부정과 재해석을 통해 제작자가 느끼는 상대적 진실 및 주관적 의도를 초현실적 · 추상적으로 표현한다. 웰스가 제시한 애니메이티드 다큐멘터리의 네 가지 유형은 실제 세상에 대한 사실적 묘사의 정도, 제작자의 주관적 해석의 개입, 인간 내면의 정신세계에 대한 시각적 재구성 및 추상적 표현의 정도에 따라 분류된 것이다.

사실 기록을 위한 애니메이티드 다큐멘터리

애니메이션이 다큐멘터리 형식을 사용한 최초의 영화는 윈저 맥케이(Winsor McCay) 감독이 1918년 제작한 〈루지타니아호의 침몰(The Sinking of the Lusitania)〉이다. 1915년 5월 뉴욕을 출발하여 리버풀로 향하던 영국 함선 루지타니아호가 독일군 잠수함 유보트(U-boat)의 공격으로 1,198명의 승객과 함께 침몰한 비극적인 사건을 다루었다. 맥케이는 사건의 참혹성과 독일군의 비윤리적인 면을 2만 5천 장의 일러스트 애니메이션을 이용해 다큐멘터리 형식으로 극적이고 섬세하게 묘사하였다. 맥케이는 어떻게 역사적 사건을 애니메이션을 통한 다큐멘터리 형식으로 표현했을까?

다큐멘터리 초반부에서는 제작자가 실제 루지타니아호에 대한 사진 자료를 분석하는 모습을 실사촬영 영상으로 연출한다. 또한, 전체 장면 중 중간중간 자막을 넣어 사건 과정에 대해 설명한다. 당시는 무성영화 시기로 내레이션 기능이 없어 자막을 넣어 설명한 것이다. 당시 침몰 사건의 희생자 중 114명의 미국인이 포함되어 있었다. 맥케이는 이를 강조하기 위해 사망한 미국인 중 사회적으로 유명한 사람들의 사진을 차례로 보여주고, 자막으로 설명했다. 이를 본 미국인은 자연스럽게 독일군에게 적개심을 갖게 되었으며, 유럽에서 벌어지는 전쟁이 자신들과 연관되어 있음을 느꼈을 것이다. 특히, 제1차 세계대전 당시 영국과 프랑스 연합군은 미국의 참전이 절실한 시점이었다. 맥케이는 이를 잘 알고 있었고, 다큐멘터리 형식을 통해 미국인의 억울한 희생을 강조하며 미국 여론을 자극하고, 극적인 방법으로 참전을 호소한 것이다.

애니메이션 영상으로 제작된 파도치는 모습과 연기를 내뿜으며 배가 침몰하는 장면은 매우 사실적으로 표현되었다. 특히, 마지막 장면에서 젊은 엄마가 아기와 함께 바다에 빠져 익사하는 장면을 연출한다. 맥케이가 생존자의 증언에 따라 영상을 구성한 것으로 추측되지만, 힘없고 나약한 젊은 엄마와 아기가 같이 물에 빠져 죽어가는 장면은 많은 관객의 감성을 자극하며 분노케 했을 것이다. 맥케이가 애니메이션으로 루지타니아호의 침몰을 제작한 이유는 침몰 당시의 장면을 재구성하여 사실 정보를 전달하는 데 있었다. 하지만 그보다 더 중요한 것은 독일군의 반인륜적 범죄를 강조하여 영국인과 미국인의 분노를 극대화하여 사회적 여론을 조성한 것이다.

교육, 계몽, 기행 목적의 애니메이티드 다큐멘터리

애니메이티드 다큐멘터리는 플라이셔(Fleischer) 형제가 제작한 〈아인슈타인의 상대성 이론(The Einstein theory of Relativity)〉(1923), 월트 디즈니의 〈공군을 통한 승리(Victory Through Air Power)〉(1943), 〈감기 예방법(How to Catch a Cold)〉(1951) 등 교육적 주제와 계몽적 목적으로 제작된다. 〈아인슈타인의 상대성 이론〉은 1916년 알베르트 아인슈타인(Albert Einstein)이 발표한 상대성 이론을 애니메이션으로 설명한 작품이다. 당시 상대성 이론은 사회적으로 관심이 높은 이슈였지만, 일반인이 이해하기에는 매우 난해했다. 데이브 플라이셔(Dave Fleischer) 감독은 당시 인기 있는 과학 저널리스트 가렛 세르비스(Garrett P. Serviss)와 공동으로 일반인이 이해하기 쉽도록 무성 단편 애니메이션을 통해 상대성 이론을 설명하였다. 이는 애니메이션 영상이 과학지식을 쉽게 설명하는 교육매체로 활용된 것이다.

월트 디즈니에서 제작한 〈공군을 통한 승리〉는 라이트 형제의 비행기 발명에서부터 제2차 세계대전의 전투기까지 인류의 항공 역사를 다루고 있다. 특히, 제2차 세계대전 중 독일군과 일본군과의 전쟁에서 전투기의 역할이 승리에 매우 중요한 요소임을 강조한다. 영화는 실제 사진과 애니메이션 영상, 그리고 내레이션의 목소리를 삽입했으며, 비행기에 대한 과학적 지식과 신문기사 내용을 인용하여 다큐멘터리 형식으로 구성했다. 미국이 제2차 세계대전에 참전 중이던 당시 월트 디즈니는 미국 정부의 국가 정책을 선전하고, 국민의 사기를 올리기 위해 〈공군을 통한 승리〉를 제작한 것이다. 〈공군을 통한 승리〉는 다큐멘터리 형식을 통해 과학지식뿐 아니라 애국심 고취를 위한 선전 목적이 강하였다. 본 작품은 영국의 윈스턴 처칠(Winston Churchill) 총리와 미국의 프랭클린 루스벨트(Franklin D. Roosevelt) 대통령이 본 것으로도 유명하다. 〈감기 예방법〉은 감기를 예방하기 위한 계몽 목적으로 제작되었다. 감기 바이러스가 어떻게 사람에게 영향을 미치는지 설명하고 있으며, 감기에 걸리지 않기 위해서는 충분한 휴식이 필요하다는 것을 애니메이션 캐릭터를 통해 설명하고 있다. 이러한 위생과 보건 목적으로 제작된 애니메이션은 관람객의 흥미 유발과 함께 계몽적 지식과 대처 방법을 효과적으로 전달한다.

1955년 제작된 〈You and the Living Machine〉은 인체의 구조와 소화 과정을 애니메이션으로 설명한다. 메뚜기 캐릭터 지미 크리켓(Jiminy Cricket)이 인체 전문가로 등장하고, 내레이션을 통해 인간이 어떻게 음식을 에너지로 전환하는지 설명한다. 인간의 소화 시스템을 공장의 생산라인과 비교하여 어린이들이 이해하기 쉽도록 영상을 구성했다. 〈You and the Living Machine〉은 실사촬영으로 불가능한 인체 소화기관의 구조를 애니메이션을 통해 설명하는 교육적 목적으로 제작된 것이다. 텍스 아베리(Tex Avery) 감독이 제작한 〈The Isle of Pingo Pongo〉(1938), 〈Detouring America〉(1939), 〈Cross Country Detours〉(1940)는 애니메이션과 다큐멘터리 형식을 이용하여 세계 여러 지역을 소개하며 여행하는 기행영화로 제작되었다.[3] 〈The Isle of Pingo Pongo〉는 워너브러더스사(Warner Bros.)의 〈메리 멜로디스(Merrie Melodies)〉 시리즈 중 하나로 유명 캐릭터인 엘머 퍼드(Elmer Fudd)의 초기 버전인 에그 헤드(Egghead)가 등장한다. 여객선은 자유의 여신상을 지나 카나리아제도의 외딴섬으로 항해한다. 카나리아제도의 원주민을 보여주고, 원시적인 삶을 묘사하여 낯선 이국적인 삶을 흥미롭게 묘사한다. 초창기 실사 다큐멘터리에서 주류를 이룬 기행영화가 애니메이션으로도 제작되었으며, 사실적 환경묘사에다가 극 중 만화 캐릭터들의 움직임에 희곡적 요소를 넣음으로써 흥미를 추구했다.[4]

3 기행영화(travelogue, 紀行映畵): 전 세계를 돌아다니며 흥미로운 사건이나 장소를 보여주는 다큐멘터리 영화

4 P. Wells, The beautiful village and the true village, A consideration of animation and the documentary aesthetic, Art and Design: Art and Animation, 12(3/4), 1997.

정신세계를 묘사한 애니메이티드 다큐멘터리

1950년대에 들어와 자전적 · 정치적 · 사회고발적 이슈 등 주제가 다양해지면서 제작자의 주관적 개입이 뚜렷해진다. 노먼 맥라렌(Norman McLaren)과 이지 트릉카(Jiri Trnka)는 반체제, 반전 등 정치적 주제를 다루며 대중에게 강한 메시지를 전달한다. 맥라렌의 〈이웃(Neighbour)〉(1952)은 이웃한 두 집의 남자가 서로 꽃을 차지하기 위해 싸움이 시작되며, 결과적으로 둘 다 파괴된다는 내용을 통해 전쟁을 반대하는 내용을 상징적으로 담고 있다.

1950년대 이후 작품 성향을 보면, 〈Moonbird〉(1959), 〈Drawn from memory〉(1991) 등이 제작되었으며, 초기 애니메이티드 다큐멘터리가 객관적 사실의 재구성에 치중한 반면, 개인의 기억과 경험 등 섬세한 심리묘사를 통해 개인의 정신세계를 묘사하기 시작한다. 〈Moonbird〉는 존 허블리(John Hubley)와 페이스 허블리(Faith Hubley) 부부가 제작했으며, 두 소년이 밤에 모험을 겪으며 느끼는 서정적 감정을 표현했다. 두 소년의 목소리는 허블리 부부의 자식들의 목소리를 녹음하여 그대로 삽입했다. 관찰자가 아닌 스스로 자전적인 경험과 추억을 영상화하거나, 타인이 느낀 경험과 사건에 대해 애니메이션을 이용하여 더욱 섬세한 심리묘사를 한다. 이러한 영상구현에는 애니메이션의 다양한 기술적 표현기법이 효과적으로 사용되었으며, 실사촬영 다큐멘터리와는 다른 특성을 보여준다.

1990년대 이후 작품 성향은 〈Abductees〉(1995), 〈Survivors〉(1997), 〈Velvet Tigress〉(2001) 등 정신 고통을 겪는 개인의 심리세계를 묘사하는 작품들이 제작된다. 〈Abductees〉는 외계인에게 납치되었다가 돌아온 사람들의 증언에 따라 제작되었다. 애니메이션 영상은 피해자와의 인터뷰를 삽입하고, 다양한 이미지와 최면요법으로 진술하는 내용을 담고 있다. 소피안(Sofian)이 제작한 〈생존자(Survivors)〉(1997)는 가정폭력에 시달리고 희생된 여성들의 심리세계를 묘사한다. 피해자와 인터뷰한 음성을 그대로 삽입하여 사실감을 더했으며, 피해 여성들이 느끼는 공포와 슬픔을 애니메이션 영상으로 재구성했다. 영상은 사실적 묘사뿐 아니라 추상적 묘사를 통해 정신적 고통을 표현하고 있다.

〈위대한 강(The Might River)〉(1993)은 〈나무를 심은 사람(The Man Who Planted Trees)〉(1987)으로 잘 알려진 캐나다 애니메이션 감독 프레드릭 백(Frederic Back)이 제작한 애니메이티드 다큐멘터리 작품이다. 프레드릭 백은 4년간의 취재와 사료조사를 통해 태초부터 지금까지 이어온 아메리카 대륙의 세인트로렌스 강(Saint Lawrence river)의 역사와 자연환경을 다큐멘터리 형식으로 제작했다. 1인 제작시스템으로 완성한 이 작품은 프랑스 안시, 일본 히로시마, 캐나다 오타와 등 세계 3대 애니메이션 영화제에서 모두 그랑프리를 수상했다.[5] 2001년 젠 사츠(Jen Sachs)가 제작한 〈Velvet Tigress〉는 1930년 윈 루스 주드(Winne Ruth Judd) 살인사건을 다루고 있다. 영상은

5 https://www.sciencetimes.co.kr/news

살인사건을 재판하는 법정을 중심으로 다루고 있으며, 사건과 관련한 신문 이미지와 그래픽을 이용하였다. 카메라의 회전기법을 이용하여 심리적 묘사를 극대화했으며, 제작자의 관점에서 법정에서의 상황을 효과적으로 재구성하였다.

1999년 BBC 방송국이 제작한 〈공룡대탐험(Walking with Dinosaur)〉은 컴퓨터 애니메이션을 이용하여 촬영 불가능한 선사시대 공룡의 모습을 완벽하게 재현했다.[6] 컴퓨터 애니메이션을 통한 영사적 사실에 대한 재구성은 사실 전달이라는 다큐멘터리 영역을 더욱 확대하게 된 것이다. 이는 더욱 사실적으로 표현하기 위해 '애니메이션'이라는 비사실적 툴을 이용하여 관객이 믿는 사실을 전달하고 있는 것이다. 〈공룡대탐험〉은 교육적이면서도 역사 기록적 목적을 띄고 있으며 컴퓨터그래픽의 뛰어난 사실적 재현으로 관객의 호평과 큰 반향을 일으킨 작품이다.

6 1999년 영국 BBC방송국에서 제작한 다큐멘터리 시리즈. CG를 이용한 사실적인 공룡의 모습을 재현하여 큰 반향을 불러일으켰으며, 이를 계기로 많은 다큐멘터리에서 CG 사용이 더욱 늘어났다.

사회고발 성격의 애니메이티드 다큐멘터리

존 케인메이커(John Canemaker)가 제작한 애니메이티드 다큐멘터리 작품 〈The Moon and the Sun: An Imagined Conversation〉은 어릴 때 학대받은 아들이 고인이 된 아버지와의 상상 속 대화를 통해 과거 추억을 재현하는 내용으로 구성되었다. 주인공인 아들은 어릴 때 아버지가 가족들에게 폭력적으로 대했던 기억을 토대로 이야기를 구성하고 있다. 영상은 실제 영상과 사진, 그리고 애니메이션을 조합하여 과거 기억을 영상으로 재구성했다.

〈바시르와 왈츠를〉은 난민촌인 샤브라와 샤틸라에서 벌어진 대학살사건에 아리 폴만 감독 본인이 이스라엘군 병사로 참여했던 자전적 사실을 다루고 있다. 아리 폴만은 20여 년이 흘렀지만 몽환적 이미지로 떠오르는 전쟁에 대한 트라우마와 악몽에 시달리며 사건 당시의 기억을 잃어버린다. 기억을 되찾기 위해 같이 전쟁에 참여했었던 옛 전우들을 만나 전쟁에 대한 기억을 퍼즐처럼 맞춰간다. 아리 폴만의 옛 전우인 보아즈 역시 전쟁에 대한 두려운 기억이 남아 있다. 보아즈는 전쟁 당시 상관의 명령으로 26마리의 개를 사살했으며, 그 기억은 묘사는 통해 재현되고 있었다. 꿈속에 나타나는 26마리의 사나운 개에 대한 악몽은 애니메이션으로 재구성되었으며, 보아즈와 폴만이 이야기를 나누는 장면은 로토스코프를 통해 표현되었다. 또한, 보아즈와 이야기를 나눈 음성은 그대로 영상에 삽입하여 사실성을 더하였다. 주인공인 아리 폴만이 전쟁에 대한 기억과 트라우마를 느끼는 장면은 초현실적 분위기로 연출된다. 나체의 병사들이 죽음의 강에서 그로테스크하게 묘사된 폐허의 빌딩 앞으로 천천히 걸어 나오는 모습이다. 무의식에 잠재된 전쟁에 대한 기억을 본인의 주관적 해석으로 표현한 것이다. 이는 절대적 사실에 대한 부정으로서 사실적 묘사를 거부하고, 영상을 초현실적으로 구현함으로써 상황에 내재된 의미와 본인의 잠재된 기억을 효과적으로 표현한 것이다.

아리 폴만이 옛 전우들을 만나 전쟁 당시 기억의 실마리를 풀어가던 중 마지막 장면에서 폴만 자신이 민병대원들의 학살을 돕기 위해 야간에 조명탄을 쏘았던 충격적인 사실을 깨닫게 된다. 그 순간, 당시 희생된 이들의 가족인 히잡을 쓴 여인들이 울부짖으며 폴만의 주위를 지나간다. 또한, 애니메이션 이미지는 사건 당시 촬영된 실사 이미지로 전환되고, 실제 사건임을 극적으로 강조한다. 폴만은 학살 현장을 실사촬영 이미지로 대체하며, 실제 사건의 숨겨진 진실을 실사기록 영상을 통해 표출한 것이다. 학살 피해자 가족들이 울부짖고 고통에 몸부림치는 장면은 대학살에 대한 공포와 분노를 극대화 하였다. 폴만은 대학살사건에 연루된 병사들의 고통과 트라우마, 어두운 기억을 영상화하고자 했으며, 이를 통해 팔레스타인 난민캠프의 대학살이라는 은폐된 역사적 사건을 영상을 통해 폭로한 것이다. 이 영화는 대학살사건에 대해 성찰적이고 인류애적인 관점에서 접근하여 이스라엘 정부가 감추고 싶어 한 반인륜적 범죄를 폭로하고 공론화하는 시사고발적 내용을 담고 있다.

브렛 모겐(Brett Morgen) 감독의 〈시카고 10(Chicago 10)〉(2007)은 1968년 시카고에서 열린 민주당 전당대회에 연루된 반전주의자들을 다룬 다큐멘터리 형식의 애니메이션이다. 모겐 감독은 원래 시위주도 혐의로 기소된 8명을 상징하는 '시카고 8'에 이들을 변호한 2명의 변호사를 더하여 '시카고 10'으로 수정하여 제목을 지었다. 1968년 시위 주도와 폭동을 선동했다는 혐의로 체포된 8명 중 5명이 연방 대배심에서 유죄를 선고받았지만, 1972년 유죄 판결이 뒤집히면서 사건의 진실이 드러난다. 1960년대 후반 미국은 베트남전쟁에 대한 반전시위로 매우 소란스러운 상황이었다. 모겐 감독은 애니메이션 영상과 당시를 기록한 실제 기록 영상을 이용하여 작품을 구성했다. 영화는 법정을 중심으로 전개되며, 국가권력의 남용과 은폐, 그리고 개인의 자유에 대한 억압을 고발한다. 〈시카고 10〉은 2007년 시카고국제영화제 최우수 다큐멘터리 부문에서 수상했고, 같은 해 선댄스영화제의 개막작으로 선정되었다.

세르주 아베디키안(Serge Avedikian) 감독이 제작한 애니메이티드 다큐멘터리 영화 〈울부짖는 섬(Barking Island)〉(2010)은 제63회 칸영화제 단편 부문에서 황금종려상을 수상했다. 〈울부짖는 섬〉은 20세기 초 터키 이스탄불 건너편의 외딴섬에 버려진 유기견 3만 마리가 죽어가는 비극적인 사건을 다루었다. 죽어가는 유기견을 통해 아르메니아인인 아베디키안의 부모가 겪은 제노사이드(Genocide)와 디아스포라(Diaspora)의 아픈 역사를 은유한다. 이를 통해 국가권력의 부당한 횡포와 범죄, 그리고 은폐된 사건을 새로이 환기시킨다. 루마니아 여성 감독 안카 데미안(Anca Damian)이 제작한 〈나의 저승길 이야기(Crulic: The Path to Beyond)〉(2011)는 2012년 안시 국제애니메이션 영화제(Annecy International Animated Film Festival)에서 최우수 장편영화상을 수상했다. 〈나의 저승길 이야기〉는 루마니아 출신 노동자 클라우디우 크룰릭(Claudiu Crulic)이 절도죄에 대한 자신의 무죄를 주장하며 장기간 단식 투쟁을 벌이다가 사망한 실제 사건을 다루고 있다. 주인공 1인칭 내레이션으로 진행되며, 다양한 이미지 콜라주 기법과 실제 사진, 유화를 통해 표현했다. 이야기는 클라우디우 크룰릭이 장기 단식으로 몸무게가 30킬로그램이나 줄어 비참하게 맞는 죽음으로 시작된다. 그의 억울한 죽음과 과거의 추억, 그리고 가족들의 슬픔을 보여주며 전개된다.[7] 안카 데미안 감독의 또 다른 애니메이티드 다큐멘터리 작품 〈The Magic Mountain〉(2015)은 1980년대 소련과 아프간 사이의 전쟁에서 소련과 싸운 폴란드인 아담 야섹 빈케르(Adam Jacek Winkler)의 이야기를 담고 있다. 이 작품은 자그레브 국제애니메이션 영화제(World Festival of Animated Film Zagreb)에서 장편 부문 대상을 수상했다.[8]

---

7 https://www.sciencetimes.co.kr/news

8 Ibid.

애니메이티드 다큐멘터리의 의의

소피안은 "애니메이티드 다큐멘터리는 현실에서 일어나는 실제 사건을 다루며, 제작자의 해석에 의해 사실을 바탕으로 재구성한다"라고 언급하였다. 다큐멘터리 제작에서 주관성 개입은 필연적이라는 전제하에 다큐멘터리는 사실 전달뿐 아니라 그 내면에 담긴 진실에 대한 표현이며, 사건과 사실에 대한 내러티브를 구성한다. 이러한 특성을 갖는 애니메이티드 다큐멘터리는 정치적, 기행적, 교육적, 역사기록적, 자전적, 예술적, 심리적, 사회고발적 이슈 등 다양한 주제를 다루며, 사회 · 문화 · 정치적 현상을 반영하는 영상 장르로 자리 잡아가고 있다. 상징적인 장면 구성을 통해 극적인 효과를 노리고, '애니메이션'이라는 비사실적인 툴을 통해 인간이 인지하는 사실과 진실을 표현한다. 애니메이션의 무한한 시각적 효과를 통해 인간 내면의 형이상학적 느낌과 감정을 섬세하게 영상화한다는 점에서 관객도 실사촬영과 다른 기술적 효과에 대한 흥미, 정보 전달, 감동을 기대한다. 또한, 제작기술의 발전에 따라 일반실사 다큐멘터리에서 애니메이션을 통한 장면연출이 늘고 있다. 무엇보다 애니메이티드 다큐멘터리는 인간이 느끼는 사실과 진실을 주관적이고 추상적으로 표현함으로써 다큐멘터리의 표현 영역을 넘어선다. 애니메이티드 다큐멘터리는 실제 세상에 대한 객관적 지표성을 갖는 다큐멘터리와 사실적이면서도 허구적인 묘사가 자유로운 애니메이션이 혼성되어 새로운 영상서사를 보여주고 있다.

08
대체역사와 애니메이션

- 〈울펜슈타인 더 뉴 오더〉의 흥행
- 대체역사의 의미 및 배경
- 소설, 영화, 게임에서의 대체역사 구현
- 대체역사 구현의 특성
- 〈울펜슈타인 더 뉴 오더〉
- 〈울펜슈타인 더 뉴 오더〉 게임 트레일러 구성
- 게임 속 소재들의 대체역사적 재현
- 대체역사 애니메이션의 의의

〈울펜슈타인 더 뉴 오더〉의 흥행

2014년 5월 세계적으로 유명한 FPS(First Person Shooting) 게임 시리즈인 〈울펜슈타인 더 뉴 오더(Wolfenstein-The new order)〉가 출시되었다. 영국에서 주간차트 게임 플랫폼 부문에서 상위 순위에 올랐으며, 2014년 상반기 판매 순위 2위에 오를 만큼 게임 유저의 큰 관심과 흥미를 유도했다. 이러한 세계적 흥행에 대해 콜린 모리아티(Colin Moriarty)는 "나치가 제2차 세계대전에서 승리했다면 어떻게 되었을까?"라는 대체역사적 서사 구성이 게임에 적용되었기 때문이라고 했다. 이는 〈울펜슈타인〉 시리즈에 대한 전통적인 인기와 그래픽 구현의 높은 완성도뿐만 아니라 제2차 세계대전 종결 시 나치 독일이 세계를 정복한다는 흥미로운 상상을 유발했기 때문이다. 특히, 인류 문명사의 향방을 가른 제2차 세계대전은 수많은 문학과 영화에서 다뤄온 흥미로운 단골 소재다. 독일군이 제2차 세계대전에서 승리한다는 가정은 또 다른 역사의 시작에 대한 많은 이야기를 상상할 수 있게 한다. 이러한 실제역사에 대한 가정과 상상을 구현한 것이 대체역사(alternative history)이다.

대체역사의 의미 및 배경

대체역사는 '만약 어떤 결정적인 역사적 사건이 다르게 전개된다면 과거 또는 현재가 어떻게 변했을까?'라는 질문에서 시작한다. 대체역사는 "저자가 특정한 역사적 사건이 다른 결과를 낳았다면 역사의 방향이 어떻게 바뀌었을지 가정하는 문학 장르"로 정의된다. 이는 역사의 운명을 뒤집어 보는 사고실험(a thought experiment)이라고 할 수 있다.[1] 대체역사 소설은 특정 역사에 대한 과학적 사실과 근거에 기초하고, 여기에 역사적 사실과 상상의 허구가 결합한 이야기로 구성되어 많은 독자의 흥미를 불러일으킨다. 이를 반영하듯, 대체역사는 기존 역사소설처럼 완전한 허구적 구성에 초점을 맞추지 않고, 실제 역사적 사건의 결과에 대한 재구성을 시도한다. 또한, 역사는 완결된 것이 아니라 수많은 사건과 선택에 의해 전개된 것으로 항상 대체 가능성이 숨어 있다.[2] 대체역사는 역사적 사실에 대한 비판적 토론이나 분석에 초점을 두지 않고, 역사기록의 객관성에 대한 회의와 주관적 해석을 강조한다. 따라서 '대체역사'는 역

1 류철균 · 서성은, 〈영상 서사에 나타난 대체역사 주제 연구〉, 《어문학》 99, 2008.

2 류철균 · 서성은, 위의 논문.

사의 특정 시기에 어느 쪽으로 진행될 것인지 여러 갈래가 존재하고, 이에 따라 다른 역사가 존재한다는 가정 아래 실제와 허구가 연계된 서사를 구성한 것이다.

대체역사는 미국 문학계에서 시작하는데, 제2차 세계대전 이후 전통적인 소설 형식에서 벗어난 다양한 실험적 작품의 스타일이 시도된다. 이는, 당시 많은 작가가 기존의 소설 형식으로는 급변하는 사회현상을 반영할 수 없다고 느꼈기 때문이다. 1960년대 초창기 근현대 시기의 대체역사소설은 탈신화적인 포스트모더니즘 성향을 보이며, 공식화된 거대담론의 권위와 합리성에 도전한다.[3] 이는, 1960년대 작가들의 자기성찰과 탈현실적 성향에 기반을 둔다. 이러한 포스트모더니즘의 영향과 사회적 담론을 배경으로 기존 역사를 다시 탐구하고 재현하려는 노력이 대체역사소설의 등장으로 이어진다. 포스트모더니즘 작가들은 기존의 역사적 담론을 유지하면서 동시에 이에 반하는 대체 역사를 추구하였다.[4] 당시 포스트모더니즘 역사소설은 실제 역사에 대한 인과적 관계를 바탕으로 그 결과에 대해 상상의 역사를 연계하여 서사구성을 시도한 것이다. 대체역사소설은 실제와 허구를 연결한 역사 다시 쓰기를 통해 새로운 장르로 자리 잡게 된다.

---

3 박인찬, 〈미국의 포스트모더니즘 역사소설: 역사 다시 쓰기와 저항적 자아 찾기〉, 《실천문학》 51, 1998.

4 박인찬, 위의 논문.

소설, 영화, 게임에서의 대체역사 구현

초기의 대체역사적 구성은 1907년 매컬리 트리블리언(G. Macaulay Trevelyan)이 나폴레옹이 워털루(Waterloo)전쟁에서 이겼다는 가정하에 새로운 역사적 상상을 시도를 한 바 있다. 이후 1939년 스프라그 드 캠프(L. Sprague de Camp)는 어느 잡지에 시간여행을 통해 6세기로 돌아가 로마제국의 존속을 유지하여 '암흑시대'라 불리는 중세시대의 시작을 막는다는 이야기를 연재하기도 했다. 제2차 세계대전 이후 SF 문학에서 대체역사적 구성의 소설들이 본격적으로 등장하게 된다. 그중 필립 K. 딕의《높은 성의 사나이(The Man in the High Castle)》(1962)가 대표적인 소설이다.《높은 성의 사나이》는 제2차 세계대전에서 미국과 연합군이 패망했다는 가상의 사건을 전제로 시작한다. 제2차 세계대전에서 승리한 독일과 일본이 세계를 지배하고, 이들의 국제적 정치 음모로 유태인을 비롯한 많은 사람이 희생당한다는 내용이다. 이 소설은 가상의 사건을 통해 암울한 미래상과 디스토피아적 세계를 그리며, 인간의 정체성 혼란과 본질을 파헤치는 독보적인 작품세계를 구축한다. 필립 K. 딕은 이 소설로 1963년 휴고상을 수상했다. 필립 K. 딕은 1952년 작가로 데뷔하여 평생 36편의 장편소설과 100편 이상의 단편소설을 썼다. 사후 그의 소설을 원작으로 하여

〈블레이드 러너(Blade Runner)〉(1982), 〈토탈 리콜(Total Recall)〉(1989), 〈마이너리티 리포트(Minority Report)〉(2002) 등의 영화가 제작되었다.

대체역사소설은 역사에서 커다란 분기점이 되는 큰 전쟁이나 인류사의 결정적인 사건들을 주요 이슈로 삼는다. 전쟁은 어느 한쪽이 승리하느냐에 따라 그 결과가 극단적으로 바뀌며, 관련 국가뿐 아니라 세계정세에 연쇄적인 영향을 미치기 때문이다. 《높은 성의 사나이》 외에 제2차 세계대전을 다룬 대체역사소설로는 브래드 리너위버(Brad Linaweaver)의 《얼음의 달(Moon of Ice)》(1968), 로버트 해리스의 《그들의 조국(Fatherland)》(1992), 해리 노먼 터틀도브(Harry Norman Turtledove)의 《내 적들 앞에서(In the Presence of Mine Enemies)》(2004), 《최후의 신조(The Last Article)》(1988), 《Days of Infamy 시리즈》, 《World War 시리즈》 등이 있다. 로저 젤라즈니(Roger Zelazny)의 《신들의 사회(Load of Light)》(1967)는 미래의 지구에서 힌두교를 지배 종교로 하며, 과학기술을 통해 신격을 실현한다는 내용으로 구성되었다. 영국의 SF 작가 키스 로버츠(Keith Roberts)의 《파반느(Pavane)》(1968)는 16세기의 영국과 유럽을 배경으로 한다. 소설 속 대체역사는 영국 여왕 엘리자베스 1세가 암살당하고, 스페인의 아르마다(Armada) 함대가 영국을 지배하는 데서 시작된다. 스페인은 스코틀랜드 메리 여왕을 영국의 여왕으로 옹립하고, 스페인의 가톨릭교 교황의 권력이 1960년대까지 지속된다. 과학기술은 현재보다 퇴보하여 증기기관을 이용한 낙후된 산업 환경을 묘사한다. 《파반느》는 엘리자베스 여왕 시기 영국과 스페인의 대립이라는 실제역사에서 시작하여 SF적 상상을 바탕으로 전개했으며, 대체역사소설의 고전으로 꼽히는 명작이다.[5] 대체역

5 류철균 · 서성은, 앞의 논문.

사가 1차적으로 SF문학 장르의 하위 갈래 중 하나이듯이[6] 많은 대체역사소설이 SF 공상과 과학적 내용의 특성을 보인다. 대체역사소설에 대한 본격적인 대중적 인기는 1980년대 터틀도브의 《비잔티움의 첩자(Agent of Byzantium)》(1987)로 이어진다. 마호메트가 이슬람교를 창시하지 않고 기독교로 개종한다는 가정하에 비잔티움을 중심으로 로마제국의 젊은 비밀 첩보원의 이야기를 그리고 있다. 터틀도브는 미국에서 대체역사소설의 대가라 불릴 정도의 유명 작가로서 《내 적들 앞에서》, 《최후의 신조》, 《Days of Infamy 시리즈》, 《Ruled Britania》 등 많은 소설을 집필하였다. 또한, 터틀도브는 《남부 승리(Southern Victory) 시리즈》(1997), 《The Two Georges》 등 미국 역사를 다룬 대체역사소설을 썼다. 《남부 승리》는 미국 남북전쟁에서 남군을 이끄는 리 장군이 앤티텀 전투(Battle of Antietam)에서 승리한 이후 1945년까지 변화된 새로운 역사를 그리고 있다. 또한, 《The Two Georges》는 미국 독립전쟁이 조지 워싱턴의 항복으로 인해 미국이 영국령 북미연방으로 건국되고, 이후 1980년대까지 가상의 역사를 소설 내용으로 다루고 있다.

영국 작가 스티븐 백스터(Stephen Baxter)가 쓴 《안티아이스(Anti-Ice)》(1993)는 18세기 후반 외계에서 떨어진 특수한 물질로 만든 폭탄인 안티아이스를 이용하여 영국이 크림전쟁에서 승리하고 초강대국이 된다는 설정으로 대체역사를 구성한다. 이러한 가상의 역사를 배경으로 영국의 젊은 외교관 네드 비커스(Ned Vickers)와 프랑스 극우주의자인 프랑수아(Francis)를 중심으로 이야기가 전개된다. 킴 스탠리 로빈슨(Kim Stanley Robinson)의 《쌀과 소금의 시대(The Years of Rice and Salt)》(2002)에서는 흑사병으

6 류철균 · 서성은, 앞의 논문.

로 인해 대부분의 유럽 인구가 전멸한 이후 아시아가 세계 패권을 쥔다는 가정하에 전개되는 허구역사를 다루었다. 영화로도 제작되었던 로버트 해리스(Robert Harris)의 《그들의 조국(Fatherland)》(1992)에서는 1964년을 시간적 배경으로 독일이 제2차 세계대전에서 승리한 후 동유럽과 러시아에 이르는 독일제국을 세운다는 내용이다. 독일이 미국과 대립하면서 냉전체제를 형성하는 상황을 설정하고 있으며, 히틀러가 계획했던 전후 유럽 구상 관련 자료와 대독일제국의 청사진을 계획한 게르마니아 자료를 소설 내용에 적용하였다. 이러한 대체역사소설은 1960년대 포스트모더니즘을 추구하는 작가들에 의해 인류 역사의 큰 방향을 가르는 실제 역사 사건에 반(反)하는 결과를 구성하고, 이후 전개되는 허구 역사 실험을 통해 기존의 소설과 차별화를 시도했다. 또한, 실제 역사학자인 터틀도브 등 많은 작가는 대체역사 구성을 위해 소설과 연관한 역사, 정치, 사회, 문화에 대한 깊은 이해와 지식을 갖추고 있었다. 이를 통해 국제 정치와 외교 등 세계정세의 변화에 대해 독자가 공감할 수 있는 개연성을 갖춘 서사를 구성한 것이다.

한국 대체역사소설의 효시는 복거일의 《비명을 찾아서》(1987)이다. 소설의 내용을 보면, 1909년 10월 26일 안중근 의사가 중국 하얼빈에서 이토 히로부미를 암살하려고 하지만 실패한다는 가정에서 사건이 시작된다. 이로 인해 일본의 식민정책은 온건한 노선으로 흐르게 되고, 일본은 동아시아 대부분을 점령하며 세계 패권국으로 군림하게 된다. 한국은 1910년 한일강제합병 이후 1987년까지 일본 제국의 식민지인 종속된 국민으로 살아가는 서사를 담고 있다. 복거일은 일제의 침략으로 인한 식민지적 현실이라는 민족사의 비극을 환기시킨다.[7] 이는 현재 한국 사회의 부조리한 일면들과 중첩되는 부분들에 대해 성찰적이면서도 비판적인 접근을 보인다. 작가 스스로 현재의 민족의 정체성을 대체 역사를 통해 고찰하고자 한 것이다. 이후 한일강제합병을 소재로 한 대체역사소설이 여러 편 나온다. 고원정의 《대한제국 일본 침략사》(1999), 복거일의 《역사 속의 나그네》(1991), 윤민혁의 《한제국 건국사》(2002) 등이다. 이는 2000년대 자주 의식, 남북 관계, 반미 등 민족주의적 사회 배경과 맞물려 있으며, 과거의 부끄러운 근대사를 탈피하고 새로운 역사를 추구하고자 하는 반외세적 성격이 강했기 때문이다.

영화감독 이시명이 제작한 〈2009 로스트 메모리즈〉(2002)는 자막에서 밝혔듯이 복거일의 《비명을 찾아서》를 원안으로 한 대체역사 영화이다. 소설 《비명을 찾아서》에서 이토 히로부미 암살 실패 이후 일본의 식민지로 전락한다는 설정은 유사하지만, 그 이후 전개되는 이야기는 원작과 다르게 구성되었다. 영화 속 주인공 사카모토(장동건 역)가 독립운동가들에 의해 조선의 역사를 알게 되고, 다시 과거로 돌아가 일본의 총리대신 이토 히로부미를 암살하려는 안중근 의사를 돕는다는 내용이다. 소설 《비명을 찾아서》가 시대적 사건과 등장인물의 내면적 갈등과 혼란에 초점을 맞춘 반면, 영화에서는 개인 간의 감정적 갈등 그리고 예상치 못한 다양한 사건에 휘말리며 이야기가 전개된다. 이는 소설이 영화로 전환되면서 영상의 빠른 이야기 전개, 그리고 인물 간 빠른 액션과 긴장감에 초점을 맞추며 오락적 효과를 추구했기 때문이다.

---

7 한창석, 〈환상소설을 통한 서사 확장의 가능성: 복거일, 박민규를 중심으로〉, 《우리문학연구》 34, 2011.

케빈 윌멋(Kevin Willmott) 감독의 〈C.S.A.: The Confederate States of America〉(2004)는 미국의 남북전쟁에서 남부군이 승리한 이후 이어질 역사의 방향을 역사적 사료를 통해 추리해보는 모큐멘터리(Mocumentary) 형식의 영화이다. 남부군이 승리한다는 전제하에 노예제도 등 사회의 변화와 뒤바뀐 역사가 어떻게 세계정세에 영향을 미치는지 보여주며, 이를 통해 현재 미국 사회의 여러 폐단점을 비유적으로 표출한다. 실시간 전략 시뮬레이션 게임인(RTS: Real Time Strategy) 〈커맨드 & 컨커 시리즈(Command and Conquer series)〉와 〈월드 인 컨플릭트(World in Conflict)〉가 대체역사를 이용하여 게임 서사를 구성한다. 〈커맨드 & 컨커 시리즈〉는 아인슈타인 박사가 개발한 타임머신을 타고 과거로 돌아가 히틀러를 제거하고, 또한, 구소련의 지도자가 초능력을 갖게 되어 유럽을 침략한다는 내용이다. '미소 냉전의 역사에 기초하여 소련의 군사력이 지속적으로 증강된다면 어떻게 될까?'라는 가정 하에 시작된다. 이러한 게임 속 대체역사는 기존과 다른 게임의 서사를 연출하며 게이머들의 흥미를 유도한다. 또한, 실존 인물인 아인슈타인 등 역사적인 인물을 그래픽으로 재현하여, 허구와 실제의 연계가 시도된다.

〈월드 인 컨플릭트(World in Conflict)〉는 1980년 말을 시대배경으로 한다. 미국과 군비경쟁으로 경제 체제가 무너진 소련이 서유럽과 미국에 자국의 부채를 청산해줄 것을 요구한다. 하지만 서구 국가들에게 거절당한 소련은 미국을 상대로 전쟁을 개시한다. 게임 트레일러의 영상구성은 미국 본토 침략을 통해 시가전을 중심으로 전투가 벌어지는 현대전을 연출한다. 자유의 여신상 등 미국을 상징하는 공간적 배경, 그리고 현대의 군인 복장과 헬리콥터 등 실제 배경처럼 구성했다. 〈월드 인 컨플릭트〉와 〈커맨드 & 컨커 시리즈〉는 대체역사 구성을 이용한 초기 단계의 컴퓨터 그래픽 게임으로, 영상 트레일러는 뛰어난 컴퓨터그래픽을 통해 사실적으로 묘사했다. 컴퓨터 게임은 영화와 소설처럼 정해진 스토리로 전개되는 것이 아니라 게이머의 플레이로 서사전개가 진행된다. 이러한 대체역사적 서사구성에 따라 게이머는 역사를 바로잡고자 하는 의지에 따라 게임의 동기와 흥미가 유발되는 것이다.

대체역사 구현의 특성

대체역사의 서사구성은 순차적으로 크게 3단계로 전개된다. 첫째, 실제역사의 '차용' 단계, 둘째, 특정 역사 사건을 기점으로 한 실제역사와 허구역사의 '연계' 단계, 셋째, 허구적 역사로의 전개인 '변용' 단계로 구성된다. 대체역사 서사구성은 실제역사를 기초로 연계되며, 역사 속 특정 사건을 연계하여 허구적 역사로 전개된다. '연계'에서는 '구체적 실제 사건을 통한 연계', '정황적 허구 사건을 통한 연계'의 두 가지로 분류될 수 있다. '구체적 실제 사건을 통한 연계'는 《비명을 찾아서》에서 1909년 안중근 의사의 이토 히로부미 암살 실패, 《높은 성의 사나이》에서 1933년 프랭클린 루스벨트 대통령 암살, 《파반느》에서 엘리자베스 1세 암살, 《남부 승리 시리즈》에서 1862년 앤티텀 전투에서 리 장군이 승리하는 등 역사 속 실제 사건을 연계하여 허구역사로 전개한 경우이다. 반면, 당시 시대적으로 있을법한 사건을 허구적으로 구성한 '정황적 허구 사건을 통한 연계'의 유형은 다음과 같다. 크림전쟁을 시대 배경으로 영국이 신무기 안티-아이스를 개발하여 승리한다는 내용인 《안티아이스》, 히틀러 총통의 신무기 개발을 기점으로 세계를 정복한다는 내용의 《그들의 조국》, 중세시대 흑사병으로 인한 유럽인의 많은 희생을 기점으로 허구역사가 진행되는《쌀과 소금의 시대》, 모하메드가 유럽을 침략하는 내용의《비잔티움의 첩자》등이 해당된다.

또한, 허구역사로 전개되는 '변용' 단계에서는 실제 역사의 배경과 맥락을 유지하는 '한정적 허구역사'의 유형과 기존 역사와 매우 다르게 진행되는 '전면적 허구역사'로 분류된다. '한정적 허구 역사' 유형은 실제 역사의 맥락을 유지하며 전개된다. 또한, 실제와 허구의 역사 전개가 대부분 유사한 지리적 공간에서 이루어지는 특성을 보인다. '한정적 허구역사'의 유형을 보면,《높은 성의 사나이》,《비명을 찾아서》,《쌀과 소금의 시대》,《남부 승리》,《그들의 조국》,《안티아이스》등이 이에 해당한다. 반면, '전면적 허구역사'의 유형은 실제 역사적 상황에 기초하지만 이전 역사의 맥락을 벗어나 전혀 다른 시대적 공간과 사회적 배경의 서사가 전개된다. 이에 해당하는 소설 및 영화를 보면,《신들과 같은 인간》(1923),《신들의 사회》(1967) 등으로 SF 공상과학적 요소가 뚜렷이 드러난다.

〈울펜슈타인 더 뉴 오더〉

2014년 5월 출시된 울펜슈타인 시리즈 게임의 최신작 〈울펜슈타인 더 뉴 오더〉는 머신게임즈(MachineGames)가 개발했고, 베데스다 소프트웍스(Bethesda Softworks)가 유통했다. 고전 FPS 게임 플레이 방식을 기반으로 전작들과는 다르게 '제2차 세계대전'이라는 실제역사를 기반으로 '독일이 제2차 세계대전에서 승리했다면?'이라는 역사적 가정에 바탕을 둔 허구서사를 전개한다. 그 내용을 보면, 제2차 세계대전 후반인 1946년 독일이 서구 연합국을 상대로 승리하며, 세계를 통치한다는 역사적 전복에서 시작된다. 1946년 이후 독일은 빌헬름 슈트라세(Wilhelm Strasse) 장군이 개발한 최첨단 전쟁무기를 이용하여 연합국인 미국에 원폭을 가한다. 독일은 미국에 이어 영국, 소련을 차례로 무너뜨리며, 전쟁에서 승리한다.

연합군은 빌헬름 슈트라세 장군을 암살하기 위해 미국 특수부대원 블라즈코비츠(B. J. Blazkowicz)와 공수부대를 침투시키지만 실패한다. 오히려 블라즈코비츠는 머리에 상처를 입어 이후 14년 동안 백치 상태로 지내다가 1960년에 깨어나 독일군과 맞서 싸우게 된다. 세계를 정복한 독일군은 1946년부터 1960년까지 세계질서를 재편한다. 발전한 독일의 최첨단 과학기술력을 이용하여 슈퍼 솔저와 기계화된 군견 등 SF적 스타일의 미래무기로 중무장한다. 베를린은 '게르마니아'라는 기계 문명 도시를 건설하고, 나치가 세계를 정복하는 디스토피아적 세계를 구축한다.

이러한 내용을 담은 〈울펜슈타인 더 뉴 오더〉의 공식 트레일러는 〈Game Intro(02:07)〉, 〈Boom Boom(02:46)〉, 〈House of the Rising Sun(02:55)〉, 〈No where to run(03:00)〉의 4개다. 영상 전반부는 실사촬영 영상을 이용한 영화적 표현기법이 가미된 시네마틱(Cinematic) 형식으로 각기 다른 테마로 구성된다. 나치가 제2차 세계대전에서 승리하는 것을 암시하며, 그 후 세계를 지배하는 내용을 담고 있다. 〈울펜슈타인 더 뉴 오더〉의 게임 트레일러 구성은 제2차 세계대전에서 독일군의 승리를 분기점으로 역사의 방향이 바뀐다. 이 특정 시점이 사실과 허구를 잇는 연계점이 된다. 이는, 구체적 실제사건을 기초로 한 것이 아니라 독일의 빌헬름 슈트라세 장군이라는 가상의 인물에 대한 암살 실패로 독일군의 세계침략이 전개되는 '정황적 허구사건'에 바탕을 둔 것이다. 게임 트레일러는 '제2차 세계대전'이라는 실제 역사를 차용하고, 빌헬름 슈트라세 장군 암살 작전이라는 허구적 사건을 연계로 전개된다.

〈울펜슈타인 더 뉴 오더〉 게임 트레일러 구성

〈Game Intro(02:07)〉에서 나치 독일의 전쟁 승리 과정을 묘사한 실사 이미지 중 하나는 1945년 8월 15일 미국이 일본을 상대로 승리한 것을 기념하는 'VJ-Day in Times Square'의 이미지를 패러디 한 것이다. 미군 수병을 대신해 독일군이 간호사와 키스하는 장면으로 사진을 합성했다. 게임 유저는 이미지에 담긴 역사성과 상징성을 인식하게 된다. 실제 사진을 합성한 대체역사 구성은 '나치 독일의 지배'라는 허구에 몰입하게 하며, 대체 역사 전개를 위한 연계적 장치가 된다. 나치의 승리를 묘사한 또 다른 이미지는 히틀러가 1934년 독일의 뉘른베르크에서 개최된 나치당의 전당대회에서 연설한 장면을 녹화한 영화 〈의지의 승리(Triumph of the will)〉(1934)를 이용하여 〈House of the Rising Sun〉과 〈Game Intro〉에 패러디했다. 〈의지의 승리〉 중 한 장면은 히틀러가 미국 국회의사당에서 승전을 기념하는 연설을 하는 장면으로 대체되었다. 미국 정치의 상징인 의회에서 히틀러가 연설하는 장면을 연출하여 게임 속 세계지배의 현실을 공고히 하고 있다. 이러한 영상 조작을 통해 게임에서 구현된 대체역사의 시공간적 배경을 보여준다.

나치가 세계 과학기술을 선도하는 것을 암시하는 이미지로 독일 우주선이 달에 착륙한 모습을 연출한다. 이는 1969년 미국의 아폴로 11호가 달 착륙한 사진을 패러디한 것이다. 미국의 성조기는 나치 깃발로 대체되고, 우주인은 나치식 경례를 통해 동일한 공간에서 완전히 다른 메시지를 전달한다. 이러한 패러디 연출은 나치가 제2차 세계대전에서 승리한 이후 미국을 대신하여 인류문명의 과학적 발전을 선도하고 있음을 시각적으로 암시한다. 미국 국회의사당에 걸린 나치의 깃발과 제2차 세계대전 당시 독일이 생산한 'Ho229 전투기'가 미국 국회의사당 이미지와 합성되며, 독일의 미국 지배를 암시한다. 또한, 1960년대 세계적인 밴드인 비틀스가 길을 건너는 사진인 'Abbey Road'는 나치 독일군으로 대체되면서 문화적으로도 지배받고 있음을 묘사한다. 미국의 정치적 표상과 대중문화가 제2차 세계대전 당시 독일군의 실제 전투기와 나치 깃발, 군인 등의 사진과 합성되면서 무력을 앞세운 독일의 침략을 강조한다. 이는 세계가 나치에 의해 정복되었음을 강조하며, 반인륜적 대상으로 이미지화 되고 있는 것이다. 이러한 비유와 은유적 표현은 기존의 실제 사실과 혼재된 허구역사에 대한 서사의 완성도를 높이며, 게임 유저의 흥미를 자극하는 알레고리로 작용한다. 〈울펜슈타인 더 뉴 오더〉의 트레일러에서 연출된 합성 이미지는 기존 역사적 영상과 사료를 이용하여 나치 독일의 세계지배라는 허구역사의 완성도를 높인다.

게임 속 소재들의 대체역사적 재현

캐릭터, 배경 등에 대한 그래픽 디자인은 게임 제작의 주요 작업 중 하나다. 게임 〈울펜슈타인 더 뉴 오더〉의 배경은 독일이 세계를 지배했을 경우를 가정하여 계획한 제3제국의 수도 '게르마니아(Germania)'를 CG로재구성한 것이다. 히틀러는 게르만 민족과 독일에 대한 광적인 자부심을 제3제국의 새로운 수도인 게르마니아의 웅장한 건축물을 통해 과시하고자 했다. 독일의 군수장관인 알베르트 슈페어(Albert Speer)는 히틀러의 명령에 따라 290m 크기의 돔 구조로 계획된 국민회관(Volkshalle)을 계획했지만, 독일의 패망으로 실현되지 못했다. 이러한 역사적 사료는 〈울펜슈타인 더 뉴 오더〉 게임 속에서 그래픽을 통해 중세 고딕양식과 첨단 기계문명이 혼합된 디스토피아적 분위기로 재현된다. 게임 속 빌헬름 슈트라세, 별칭 '데스헤드(Deathhead)'는 가상의 인물로 이전 울펜슈타인 시리즈에서부터 등장한 핵심 캐릭터다. 데스헤드는 기괴하고 잔인한 독일군 장군이며, 〈울펜슈타인 더 뉴 오더〉의 서사구성에서 획기적인 전쟁무기 발명으로 독일군의 승리를 견인하는 중요한 인물이다. 데스헤드는 게임 속에서 게이머들이 최종적으로 제거해야 할 주적의 대상이 된다. 데스헤드는 생체실험을 통해 죽은 병사와 기계를 결합한 슈퍼 솔저, 중장갑 보병, 이족보행 병기, 기계화된 군견 등을 발명한다. SF적 디자인이 가미된 다양한 캐릭터와 첨단 무기에 의해 그 허구적 사실이 강화된다. 기존의 독일 군복과 병기의 디자인을 계승하면서 더욱 기계화된 SF 디자인과 혼합하여 공포스러운 캐릭터로 디자인 되었다. 게임 속 나치 독일이 세계를 지배하는 시점은 1960년대지만, 과학기술의 발전을 전제로 하여 전쟁무기와 병사들의 복장은 미래 SF적 스타일로 디자인되었다.

〈울펜슈타인 더 뉴 오더〉의 음악과 사운드는 'Neumond Records'라 불리는 가상의 독일 레코드사에서 제작되었다. 이 레코드사는 나치가 세계를 정복하는 1960년대를 전후하여 당시 유행한 대중음악 스타일을 독일식으로 맞추어 개사했다. 1960대 문화를 향유할 수 있는 노래들을 독일어로 개사하여, 당시의 문화적 회고할 독일의 이미지가 오버랩된다. 1960년대 당시 실제 유행했던 음악을 차용함으로써 게이머들의 흥미를 자극하며, 가상의 대체역사가 게임 속에서 또 다른 세계를 창조하는 데 중요한 장치가 된다. 이를 통해 〈울펜슈타인 더 뉴 오더〉만의 새로운 게임 세계를 창조한 것이다.

대체역사 애니메이션의 의의

대체역사는 1960년대 문학계에서 탈현실주의적이며 절대성과 합리성의 부정, 거대담론에 저항하는 포스트모더니즘 성향을 배경으로 시작되었다. 현실과 대비되는 허구의 역사를 통해 실제역사에 대한 회의적 성찰이 시도된 것이다. 대체역사 소설은 필립 K. 딕의 《높은 성의 사나이》를 시작으로 브래드 리너위버, 로버트 해리스, 해리 노먼 터틀도브, 키스 로버츠 등에 의해 대중화되고 하나의 문학 장르로 자리 잡게 된다. 한국 또한 복거일의 《비명을 찾아서》(1987)로 시작되었으며, 이후 유사한 주제의 대체역사소설이 출판되며 인기를 얻게 되고 영화로도 제작하게 된다. 이러한 대체역사의 오락성은 〈월드 인 컨플릭트〉와 〈커맨드 & 컨커 시리즈〉 등의 컴퓨터 게임으로 차용되며 그 영역을 넓혀간다. 특히, FPS 게임 〈울펜슈타인 더 뉴 오더〉는 나치 독일이 제2차 세계대전에서 승리한다는 대체역사적 서사구성으로 제작되며 큰 인기를 얻게 된다. 〈울펜슈타인 더 뉴 오더〉의 게임 트레일러는 제2차 세계대전과 관련한 역사적 사진과 영상물을 차용하여 실제로 지나간 역사의 순간을 독일의 승리를 위해 재구성됐다. 이를 위해 'VJ-Day in Times Square', 레니 리펜슈탈의 '승리의 의지', '아폴로 13호 달 착륙' 등 인류사적으로 널리 알려진 이미지를 패러디하거나 독일을 상징하는 이미지와 합성하여 연출했다.

〈울펜슈타인 더 뉴 오더〉의 서사는 실제 사건을 변형한 것이 아닌 가공의 인물인 빌헬름 슈트라세 장군에 대한 암살 사건으로 구성하였다. 슈트라세 장군 암살사건은 〈울펜슈타인 더 뉴 오더〉의 서사에서 실제와 허구를 연결하는 연계점으로 작용하며, 이는 대체된 역사의 개연성을 드러내는 요소가 된다. 허구역사가 전개되는 변용 단계에서는 제2차 세계대전이라는 실제 사건의 맥락이 유지된다. 서사 전개 또한 대부분 동일한 지리적 공간에서 이루어지며, 한정적 허구역사의 유형을 보인다. 게임 속에서 1960년대를 배경으로 한 변용 단계는 제2차 세계대전의 역사적 자료를 바탕으로 SF 디자인과 디스토피아 콘셉트를 바탕으로 CG로 제작되었다.

〈울펜슈타인 더 뉴 오더〉에서 구성된 대체역사는 역사적 자료의 차용뿐 아니라 패러디와 합성을 통해 독일의 승리를 구현하고, SF적 디자인을 통해 미래 독일군의 모습을 창조하며 게임으로 연계시키고 있다. 이러한 서사구성은 제2차 세계대전의 전범국가인 독일에 대한 일반 보편의 역사 인식에 기반한다. 〈울펜슈타인 더 뉴 오더〉에 내재된 대체역사적 구성은 실제역사와 연관한 새로운 가상의 역사를 경험할 수 있는 오락적 흥미를 유도하고 있음을 알 수 있다. 대체역사는 작가들이 시도한 새로운 상상력의 발현으로써 문학 소설로 시작하여 영화, 게임까지 영역을 확대하며, 대중문화의 새로운 축으로 자리잡아 가고 있다.

참고문헌

고은영, 〈퀘이형제 애니메이션 〈악어의 거리〉의 초현실주의적 표현 특성 연구〉, 《한국디자인문화학회지》 17(1), 2011.

김도영, 〈뮤지컬의 이해와 작품특성에 관한 연구〉, 세종대학교 석사학위논문, 2010.

김영옥, 〈요나스 오델(Jonas Odel) 장품 세계에 나타난 디지털 로토 스코핑 이미지의 특성〉, 《만화애니메이션연구》 39, 2015.

김윤아, 〈우는 앨리스, 불안한 앨리스, 전사 앨리스 〈이상한 나라의 앨리스〉의 영화적 변용〉, 《씨네포럼》 13, 2011.

____, 〈수묵화 원작을 활용한 중국 수묵애니메이션에 관한 연구: 특위(特偉)의 〈엄마 찾는 올챙이(小蝌蚪找媽媽)〉를 중심으로〉, 한양대학교 산업경영대학원, 2010.

김이진, 〈로토스코핑을 활용한 2D 애니메이션에 관한 연구〉, 기초조형학학회, 2004.

김재원, 〈애니메이션과 초현실주의 회화에서 연계된 메타모포시스에 관한 연구〉, 《한국디자인포럼》 19, 2008.

김준양, 《애니메이션, 이미지의 연금술》, 한나래 2000.

김치훈, 〈크리스 랜드레스의 3D 단편 애니메이션 the end에 나타난 초현실주의 표현〉. 《한국콘텐츠학회논문지》 7(10), 2007.

네이버 지식백과, 피리부는 목동 [牧笛, The Cowboy's Flute].

류다영, 〈디즈니 애니메이션 여성 캐릭터의 수행적 젠더 정체성 연구〉, 《한국산학기술학회 논문지》 20(12), 2019.

류철균 · 서성은, 〈영상 서사에 나타난 대체역사 주제 연구〉, 《어문학》 99, 2008.

마크 슈미트, 김지양 역, 《이상한 대중문화 읽기》, 서울: 인간희극, 2008.

문현선, 〈재팬 애니컬(Japan Anical)의 스토리텔링 전략: 도에이 50주년 기념 뮤지컬〈백사전(白蛇傳WhiteLovers)〉를 중심으로〉, 《한국만화애니메이션학회 학술대회자료집》, 2009.

민재웅, 〈애니메이션 운동 이미지에 관한 연구: 로토스코핑 기법을 중심으로〉, 세종대학교 영상대학원 석사학위논문, 2009.

박세영, 〈라캉의 실재계(The Real)개념으로 본 뮤지컬 애니메이션 연구〉, 《한국애니메이션학회 학술대회지》 5, 2014.

박윤호 · 김재웅, 〈헨리셀릭의 애니메이션에 나타난 데페이즈망 기법〉, 《한국콘텐츠학회》 10(7), 2010.

박인찬, 〈미국의 포스트모더니즘 역사소설: 역사 다시 쓰기와 저항적 자아 찾기〉, 《실천문학》 51, 1998.

베르나르 제넹, 윤학로 역, 《애니메이션》, 이화여자대학교출판부, 2007.

서지현, 〈중국의 광고는 스케일도 중국스럽게〉, 《Global Creative》, 2013.

안정훈, 〈〈뮬란〉에서 〈쿵푸팬더〉까지: 허리우드 애니메이션에 담긴 중국재현과 중국관념〉, 《중국소설논총》 32, 2009.

이영헌, 〈3D 애니메이션에서 사용되는 NPR에 대한 연구〉, 《한국콘텐츠학회논문지》 7(5), 2007.

이정숙, 〈곰브리치의 지각과 그의 회화적 재현〉, 《미학예술학연구》 22, 2005.

이현석, 〈중국 애니메이션의 발전과정에 대한 대중문화적 고찰: 시양양과 후이타이랑의 성공요인을 중심으로〉, 《한국영상학회논문집》 12(4), 2014.

임민정, 〈「웨이킹 라이프(Waking Life)」의 존재탐색: 니체의 '영원회귀' 개념을 중심으로〉, 《용봉인문논총》 41, 2012.

정주훤, 〈애니메이션 로토스코핑의 영상 미학적 표현에 관한 연구〉, 동서대학교 석사학위논문, 2015.

정혜경, 〈로토스코핑 애니메이션 〈When the day breaks〉에 나타난 이미지 재현에 관한 연구〉. 《만화애니메이션 연구》 39, 2019.

한명희, 〈3D애니메이션을 활용한 수묵화기법 표현연구〉, 《멀티미디어학회논문지》 13(7), 2010.

한창석, 〈환상소설을 통한 서사 확장의 가능성: 복거일, 박민규를 중심으로〉, 《우리문학연구》 34, 2011.

한창완, 《애니마톨로지@애니메이션 이론의 이해와 적용》, 한울아카데미, 2001.

허만욱, 〈디지털시대 영화산업에서의 서사 매체의 변용과 방향〉, 《어문론집》 59(9), 2014.

唐雲, 〈人民日報〉, 1960.05.31.

張松林, 〈獨樹一幟的水墨動畫片〉,《中國電影年鑒》, 中國電影出版社, 1982.

Bazin, A., From What is Cinema?, University of California Press, 2005.

Benayoun, R., Le Dessin animé aprés Walt Disney, J.J. Pauvert, 1961.

Bendazzi, G., Cinémaction, Corlet/Télérama.

Bradbury, K., email to Animation Journal e-group discussion, 2000, Available online at [http://groups.yahoo.com/group/animationjournal/message/923]

Darley, A., Second-oder realism and post-modernist aesthetics in computer animation, John Libbey & Company Pty. Ltd, 2000.

Eco, U., Travels in hyperreality, Harcourt Brace & Company, 1986.

Furniss, M., Art in Motion: Animation Aesthetics. Sydney and London: John Libbey, 1998.

Gabo, N., Gabo: Constructions, Sculpture, Paintings, Drawings, Engravings, London:Lund Humphries, 1957.

Jeanne-Marie Leprince de Beaumont, Beauty and the Beast, 1991.

Langer, M., email to Animation Journal e-group discussion, 2000. Available online at [http://groups.yahoo.com/group/animationjournal/message/286]

Halas, J., European Cartoon: A Survey of the Animated Film, In Roger Manvell (ed), The Penguin Film Review, Penguin Books. London, 1948.

Martin, A., Cinéma 57, n 14, 1957.

Pilling, J., A Reader in Animation Studies Sydney and London: John Libbey, 1997.

Reporter, The Inkwell Man, ProQuest Historical Newspaper The New York Times, New York Times, Feb 22, 1920.

Roe, R. H., Absence, Excess and Epistemological Expansion: Towards a Framework for the Study of Animated Documentary, Animation: An Interdisciplinary Journal, 6(3), 2009.

Sofian, S., The truth in pictures, In Townsend, E. ed, The animated documentary, Frames per second magazine, 2 (1), 2005.

Ward, P., 'Animation Studies, Disciplinarity and Discursivity' Reconstruction3(2), 2003. Available online at [http://www.reconstruction.ws/032/ward.htm].

Watson, P., "True Lye's: Reanimating Film Studies" in Paul Wells (ed.) Art & Animation [Special edition of Art & Design magazine, no. 53], London: Academy Group Ltd, 1997.

Wells, P. Understanding animation. London: Routledge, 1998.

Wells, P., The beautiful village and the true village, A consideration of animation and the documentary aesthetic, Art and Design: Art and Animation, 12, (3/4), 1997.

Zahlten, A., Animation and Boundlessness. Japanese Journal of Animation Studies 14, 2013.

http://weekly.khan.co.kr

http://m.dailywrn.com

https://view.news.qq.com/a/20110601/000001.htm

http://www.munhwa.com/news

https://movie.naver.com/movie

http://www.cine21.com/news

http://daily.hankooki.com/lpage/entv

http://www.dailyost.com

https://m.post.naver.com/viewer

https://www.sciencetimes.co.kr/news

http://news.xinhuanet.com/newmedia/2008-06-18

http://www.china.com.cn/culture/weekend/2008-06/12/content_15765617.htm

https://www.newsen.com/news_view.php?uid=200805282341261003

ㅎ

ABC & 123

본 저서는 아래와 같이 필자가 게재한 논문을 일부 참조하여 대폭 수정 및 보완한 것이다.

2017. 유체 시뮬레이션을 통한 수묵미학의 구현: 〈Believe in the Power of Brands, 2009〉를 중심으로, 한국영상학회논문집

2015. 뮤지컬 애니메이션 영화의 혼성적 영상연출 특성: 〈겨울왕국, 2013〉을 중심으로, 한국콘텐츠학회 논문지

2015. FPS 게임 트레일러 속 대체 역사적 서사구성과 시각적 재현: 〈울펜슈타인: 더 뉴 오더〉를 중심으로, 만화애니메이션연구

2014. '스캐너 다클리(A Scanner Darkly)'에 드러난 애니메이션 로토스코핑의 초사실적 표현에 관한 연구, 디지털디자인학연구

2014. 3D 애니메이션을 이용한 불교 상징성의 초현실주의적 표현, 한국콘텐츠학회 논문지

2012. 중국문화원형이 재창조된 헐리우드 애니메이션 영화의 재현 기법에 대한 탐구: 애니메이션 영화 '쿵푸판다'를 중심으로, 한국영상학회논문집

2011. Animated Documentary 장르의 특성에 대한 탐구: 4가지 유형을 중심으로, 한국영상학회논문집